MICHAEL ANGELE
SCHIRRMACHER

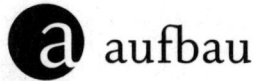

MICHAEL ANGELE
SCHIRRMACHER
EIN PORTRAIT

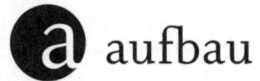

ISBN 978-3-351-03700-0

Aufbau ist eine Marke der Aufbau Verlag GmbH & Co. KG

1. Auflage 2018
© Aufbau Verlag GmbH & Co. KG, Berlin 2018
Einbandgestaltung zero-media.net, München
Satz LVD GmbH, Berlin
Druck und Binden CPI books GmbH, Leck, Germany
Printed in Germany

www.aufbau-verlag.de

Inhalt

Die Romanfigur, die ins Leben fiel   9
George nachspielen 26
Fest erobern 37
Der neue Literaturchef 51
Verrat ohne Verräter 74
Eine Machtdemonstration 96
Die Politisierung der Debatte 120
Wulff muss weg 136
Aber was ist eigentlich eine Debatte? 154
Der lange Abschied vom Gestern 167
Das gefährdete Paradies 188
Epilog 196
Anmerkungen 205
Personenregister 218

Dank
Ich danke denen, die mir bei der Arbeit an diesem Buch geholfen haben.

Die Romanfigur, die ins Leben fiel

Sein Blick ist meist prüfend und leicht verächtlich. Sein Lachen wirkt kaum je herzlich, sondern meist schadenfreudig, und auch wenn er sich um Äußerlichkeiten nicht zu kümmern scheint – die weiten Hosen zieht er hoch wie ein Opa, die Haare um die Glatze herum sind ungewaschen –, so ist er doch eitel und frei von Selbstzweifeln: Er sei ein »schöner und grundgescheiter und gerade richtig dicker Mann in den besten Jahren«, urteilt er selbst.[1]

Ein Junge also, der wie ein Mann von vierzig Jahren anmutet, aber vielleicht verhält es sich genau umgekehrt, ein Erwachsener, der immer noch wie ein böses Kind ausschaut. Altklug und Alles-Besserkönner: weltbester Kunstflieger, weltbester Zauberer, ein »Sprachgenie« sowieso. Und ein Künstler, der in seiner Hütte über den Dächern der Stadt einsame Hähne malt und in Tränen ausbricht, so gut hat noch keiner die Einsamkeit eines Hahnes in einem Bild erfasst.

Die anderen hält er für Spießer oder noch schlimmer: »Die Welt ist voller Kinder, die keine Phantasie haben«. Er dagegen bringt die Phantasie zurück in diese Welt, macht einen Jux und noch einen, er ist schließlich und nicht zuletzt »der weltgrößte Juxemacher«. Ja genau: »Karlsson, Karlsson! Achtung, hier kommt Karlsson! Aus dem Weg, macht Platz für mich, den Karlsson! Hallo! Platz da! Juhu, ich bin der Karlsson, der allerbeste Karlsson auf der Welt.«

Es ist nicht mehr zweifelsfrei zu rekonstruieren, wer Frank Schirrmacher auf den Spitznamen Karlsson vom Dach getauft hat. Vermutlich war es der Journalist Dirk Kurbjuweit, der seinem Sohn zufällig aus *Karlsson vom Dach* vorgelesen hatte, als er an einem Schirrmacher-Portrait arbeitete, das im Dezember 1999 im *Spiegel Reporter* erschien. »Der ist doch wie Schirrmacher«, dachte Kurbjuweit und schrieb es hin.[2] Ich habe den Vergleich zum ersten Mal gehört, als ich einem Freund, der für die *FAZ* gearbeitet hatte, von meinem Buchprojekt erzählte und ihn fragte, ob er etwas beitragen könne. Während den meisten meiner Gesprächspartner eine Anekdote einfiel oder der Mund überging, weil das Herz voll war, beschränkte dieser sich auf einen Hinweis: »Karlsson von Dach«.

Dabei strahlte er, als hätte er mir das Schibboleth für mein Buch genannt. Das war übertrieben, aber der Spitzname schien mir mit zunehmender Recherche immer treffender. Treffender als die anderen, die im Umlauf sind, Caligula und Kindkaiser – auch wenn Schirrmacher natürlich nicht mit einem Propeller auf dem Rücken durch die Redaktion fliegen konnte. Aber müsste man den jungen Frank Schirrmacher mit einem Wort charakterisieren, träfe es Überflieger am besten. Zwei biographische Daten: mit neunundzwanzig Jahren Nachfolger von Marcel Reich-Ranicki, mit vierunddreißig Jahren Herausgeber der *FAZ*, der jüngste aller Zeiten.

Wie schafft man so einen Aufstieg? Jedenfalls muss man es wollen. Unbedingt wollen. Und wie Karlsson wollte Schirrmacher immer gewinnen, immer schneller sein als die anderen, sie überrumpeln. Auch konnten beide nur schlecht verlieren, wenngleich Karlsson sich die Niederlagen unvergleichlich schönredete: »Das stört keinen großen Geist.« Der Satz ist zum geflügelten Wort geworden. Und es ist Karlsson vorbehalten, das, was Schirrmacher getan und geschrieben hat, auf den Begriff zu bringen: »tirritieren«. Das sei wie irritieren, »nur noch teuflischer«.

Frank Schirrmacher und Karlsson vom Dach; beide äfften auch gern andere nach, aber das ist ein Detail. Wichtiger ist, dass es mit der Langeweile endlich vorbei ist, als der seltsame Mann mit dem Propeller zum ersten Mal ins Zimmer des kleinen Jungen fliegt, den sie Lillebror nennen. Der »weltbeste Baumeister« baut Lillebror nicht nur einen Turm aus Klötzen, er bringt auch die Dampfmaschine, die traurig in der Ecke steht, erst zum Laufen, dann zur Explosion.

Auch Schirrmacher brachte Leben in die Bude. In die der *FAZ*, in die von uns. Seine Türme waren die ungezählten Projekte und Ideen, seine Dampfmaschinen hießen »Debatten«.

Karlsson erzählt, dass er Tausende solcher Dampfmaschinen bei sich zu Hause auf dem Dach habe, und als Lillebror ihn dort das erste Mal besucht und keine einzige sieht, sind sie eben »alle explodiert«. Was kümmert einen großen Geist die platte Wahrheit? Es zählt die Phantasie! Und die Explosionen! Gibt es etwas Schöneres als Explosionen?

Es bleibt einem anderen Buch vorbehalten, zu ergründen, was Astrid Lindgren mit diesem seltsamen Helden sagen wollte – vielleicht einen dunklen Zusammenhang zwischen destruktivem Narzissmus und Kreativität andeuten? Hier muss Schirrmacher kurz mit einer anderen populären Figur von Astrid Lindgren verglichen werden. Auch Pippi Langstrumpf ist ein anarchischer Charakter, aber zugleich ein sozialer: Pippi baut Freundschaften auf, kämpft gemeinsam gegen die Erwachsenen. Nicht so Karlsson, der nicht in Lillebrors Zimmer geflogen ist, um einen neuen Freund zu gewinnen, sondern um einen Schwächeren zu finden, der ihn bewundert (und vielleicht insgeheim, um seine Einsamkeit zu bekämpfen). Am Machtgefälle zwischen den beiden lässt Karlsson keinen Zweifel. Nur mit Mühe bringt er ein gutes Wort für den anderen über die Lippen, das allerdings gleich wieder vergessen ist, wenn er einen Kuchen sieht, denn Karlsson ist ganz schön verfressen. Dieses noch: Einmal liegt Lillebror traurig auf seinem Bett, als Karlsson ihn besucht. Statt ihn zu trösten, sagt er mit theatralisch vorwurfsvoller Stimme: »Hier kommt Karlsson, und du heulst. Willst du nicht mit aufs Dach kommen und mich aufmuntern.«

Auf die Fragezeichen kann man hier getrost verzichten. Es handelt sich um einen Befehl. Den anderen zum Teil seiner Inszenierung zu machen, darum geht es. Ich habe unter meinen Gesprächspartnern einige Lillebrors gefunden. Ja, manchmal scheint es mir, als habe Frank Schirrmacher eine halbe Branche, nein, eine halbe Öffentlichkeit zu Lillebrors gemacht, darauf deuten die zahlreichen bewundernden und fallweise etwas verlogen wirkenden Nachrufe hin. Dann aber habe ich auch mit Menschen gesprochen, die das Bild eines Narzissten, um den sich alles zu drehen hat, nicht stehenlassen wollten, die von selbstlosen Gesten, von großzügigen Geschenken erzählten. Und wenn auch nur wenige von Freundschaft sprachen, machten sie mir doch klar, dass Schirrmacher in einem Punkt anders war als Karlsson: Schirrmacher hatte offensichtlich die Fähigkeit, sich selbst zum Lillebror zu machen. »Er konnte dir das Gefühl geben, in diesem Moment der wichtigste Mensch auf

Erden zu sein.« So oder ähnlich habe ich es dutzendfach gehört. Am besten fuhr dabei, wer stets damit rechnete, dass aus Lillebror wieder Karlsson werden würde. Wer keine Angst vor Liebesentzug hatte, konnte mit Schirrmacher gut auskommen.

Dieses Buch will kein Psychogramm sein, aber es kommt nicht ganz ohne psychologisches Reden aus. Wie sollte es auch anders sein, da es schlicht und einfach danach fragt, wie ein Journalist so erfolgreich und mächtig werden konnte? Und Frank Schirrmacher war mächtig. Das konnte man nicht nur daran erkennen, dass es zu Lebzeiten in den großen Konkurrenzblättern kaum möglich war, ein kritisches Wort über ihn zu verlieren, dafür hatte er als begnadeter Netzwerker gesorgt.

Seine Macht reichte auch in die Politik, die er zunehmend zu beeinflussen versuchte und dabei die Nähe mal zu diesem Flügel (von Helmut Kohl bis Paul Kirchhof), mal zu jenem (von Joschka Fischer bis Sahra Wagenknecht) suchte. Am Stuhl des Bundespräsidenten Christian Wulff hat er so lange gesägt, bis dieser zusammenbrach. Gewiss, Schirrmacher wollte, dass die Politik den Ernst der Lage begreift (von der Überalterung der Gesellschaft bis zur digitalen Überwachung), er wollte aber auch Politik und Politiker »machen«. Martin Schulz, mit dem er über das Schlachtfeld von Verdun geschritten war und über eine digitale Charta nachgedacht hatte, bekannte noch zwei Jahre nach Schirrmachers Tod, dass er sich auf seinen langen Autofahrten oft frage, was Schirrmacher »uns wohl in dieser Situation geraten« hätte.[3] Schirrmacher hätte dieses Bekenntnis vermutlich mit Freude erfüllt.

Über Schirrmacher schreiben heißt ein Schelmenstück schreiben. Es ist das Stück, in dem er sich selbst sah. Vielfach bezeugt sind die Streiche, die er Freunden, Nachbarn, Arbeitskollegen spielte. Letzteres fing gleich mit seinem Eintritt in die *FAZ* an, als der Jungredakteur sich in die Accounts der Kollegen einloggte, man weiß nicht, wie, und in deren Namen launige E-Mails verschickte,[4] und es hörte erst mit seinem Tod auf. Im Grunde genommen könnte man seine Karriere und sein öffentliches Wirken als eine Abfolge von Streichen begreifen, die nur nicht diesen Namen tragen. »Etwas zu machen, worüber am nächsten Tag die Nation spricht, das macht großen Spaß«, bekannte er, als er von Herlinde Koelbl gefragt wurde, was ihn an der Macht reize.[5] In der Buchfassung ihrer berühmten Langzeitstudie *Spuren der Macht* stehen die Interviews mit Schirrmacher gleich nach denen, die Koelbl mit Angela Merkel geführt hat.

Das Stück, das Schirrmacher spielte, machte aber nicht nur großen Spaß, es war auch ein steter Quell von Verunsicherungen und Hybris. Einen Club, der einen wie ihn zum Chef ernannt hatte, könne er nicht ganz ernst nehmen, gestand er einem Kollegen nach seiner Ernennung zum Herausgeber der *FAZ* in einer schwachen Stunde.[6] Und in Gesprächen mit einer Redakteurin sprach er oft, halb ironisch, halb ernst von sich selbst als Hochstapler – freilich nicht, ohne die andere zur Komplizin in einem fragwürdigen Spiel machen zu wollen: »Aber Sie sind doch auch eine Hochstaplerin.«[7]

Man darf die Rede vom Hochstapler nicht allzu wörtlich nehmen. Im Bild des Hochstaplers spitzt sich ein verbreitetes Unbehagen am Feuilletonisten zu. Wer oder was legitimiert einen, sich heute als Spezialist auf diesem und morgen als Spezialist auf jenem Gebiet auszugeben, Meinungen zu haben, Urteile zu fällen? Der Selbstzweifel ist es nicht.

Man darf keine Skrupel haben. Jakob Augstein nannte Schirrmacher den »dirty Harry des Feuilletons«.[8] Und natürlich muss man mit seinen Ansichten einen Nerv beim Publikum treffen.

Lässt sich Schirrmacher auf die Figur des Machtmenschen reduzieren? Nein, meint ein Beobachter: »Der richtige Machtmensch geht nur nach Macht, er will den anderen nicht bezaubern und ihm gefallen. Schirrmacher war ein Rauschmensch, und wenn es eine Cola war, Zigaretten, Koffein, alles, was hochriss. Auch geistig, von den starken Giften. Der George-Kreis. Das Genom. Das sind die stärksten Rauschmittel. Mit Benn gesprochen: Die Wallungswerte.«[9]

Ja, die Wallungswerte. Der ehemalige *FAZ*-Redakteur Jens Jessen sprach von Schirrmacher als dem »Erregungstechniker schlechthin«[10]. Was ist das nächste große Ding?, fragten wir in freudiger Erwartung oder in vorauseilender Verärgerung. Worüber auch immer Schirrmacher dann schrieb, stets lautete der Begleittext: Groß ist die Sache, von der ich schreibe (sonst schreibe ich gar nicht). Seine Texte waren oft witzig und oft raffiniert, bescheiden waren sie nie. Wer bei Schirrmacher nach einem Stilprinzip sucht, findet es ex negativo in der Furcht vor dem Unbedeutenden. Größe also: Was in der Debatte das nie Dagewesene oder die Epochenwende waren, hieß im Gespräch mit den Mitarbeitern »allergrößte Konsequenz« (negativ) oder »Das Große«, das er mit einem vorhatte (positiv). Auf die Frage, wie man sich seiner erinnern soll, antwortete Schirrmacher im letzten der Gespräche, die Herlinde Koelbl mit ihm zwischen 1991 und 1998 führte: »Als den größten Publizisten seit Martin Luther«.[11] Natürlich ist dieser Vergleich durch die Lust an der Provokation motiviert, aber die Engführung von Journalismus und Theologie macht in seinem Fall schon Sinn. Jenseits eines nicht erkennbaren christlichen Glaubens wirkte Schirrmacher als Eschatologe im Gewand des Feuilletonisten. Seine Texte lasen sich oft wie Verkündigungen.

Eine endzeitliche Stimmung schien sein Leben zunehmend zu grundieren und ihn nicht zur Ruhe kommen zu lassen. »Wir müssen unbedingt telefonieren, es wird alles ganz anders«, lautete seine letzte E-Mail an einen guten Freund. Schirrmacher hielt sich noch in Rom auf,[12] wo er sich wenige Tage vor seinem Tod mit dem Springer-Chef Mathias Döpfner und seinem Kulturkorrespondenten Dirk Schümer getroffen hatte. Er müsse schon sagen, was denn so bedeutend sei, schrieb der Freund zurück. »Nein, nein, wir müssen sprechen«, hielt Schirrmacher dagegen, weil er glaubte, im Netz überwacht zu werden, was einige für paranoid, andere für eine berechtigte Furcht hielten. Was alles ganz anders werden sollte, wird man vielleicht nie erfahren. Wer es wissen müsste, schweigt.

Vieles wird ungeklärt bleiben. Schirrmacher ist tot, und ich bin ihm nur flüchtig begegnet. Alles, was ich in diesem Buch schreibe, habe ich aus Gesprächen und Texten. Gerade mal zwei E-Mails hat er mir geschrieben, ich habe sie nicht aufbewahrt. Das mag mich in den Augen derer, die ihn gut gekannt haben, zum falschen Autor dieses Buchs machen. Ich sehe es naturgemäß genau andersherum: Gerade weil ich ihm, anders als so viele, nie begegnet bin, kann ich dieses Buch schreiben. Ich habe keine Geschichte mit ihm, bin weder traumatisiert noch traurig, dass ich ihn nie mehr in meiner Nähe haben kann, und offen gestanden vermisse ich ihn, anders als viele andere, auch nicht so dramatisch in der Debattenkultur, dass ich jedes Mal sein Fehlen beklagen müsste, wenn ich eine Zeitung aufschlage. Ja, ein wenig langweiliger ist es schon geworden. Was wäre nach dem Internet gekommen? Die Eroberung des Mars? Die radikale Ökologie? Oder etwas ganz anderes, das er wieder einmal als Erster erkannt und *big* gemacht hätte? Ich gebe zu, es hätte mich schon sehr interessiert, welches sein nächster Streich geworden wäre.

Ich war und bin also fasziniert. Wie viele andere Journalisten habe ich alles über ihn gelesen, was mir in die Finger kam. Ich wusste also in gewisser Weise fast zu viel. Wohin mit dem Material? Allein die Masse der Nachrufe ist schier unübersehbar.

Aber diese Nachrufe sind ein Sonderfall im Sonderfall. Der Kulturbetrieb lief nach dem plötzlichen Tod Schirrmachers heiß wie Schirrmacher am Ende seiner Karriere selbst. Sein überwältigender Stil wurde zur kollektiven Geste. Selbst einem Helmut Kohl wurde in den Medien nicht so intensiv nachgerufen wie Schirrmacher. Und um in der Kultur zu bleiben: »Wie sollte man dem gerecht werden, wenn, sagen wir, Habermas stirbt«, gab mir ein Kollege zu bedenken. Ein guter Weg, einen Irrsinn zu dokumentieren, ist Statistik. Der Medienjournalist Matthias Dell hat gezählt: Allein in der *Frankfurter Allgemeinen Zeitung* hatten vier Tage nach Schirrmachers Tod am 12. Juni 2014 zweiundsiebzig Personen an ihn erinnert, darunter Prominente wie Volker Schlöndorff, Bernhard-Henri Lévy oder Günther Jauch, einer erinnerte sogar zweimal, und immerhin fünfzehn Frauen zeichneten ein Bild des Verstorbenen.[13] Böse wurde niemand. Das liegt zum einen natürlich am Genre des Nachrufs. Zum anderen konnte man sich hinter diesem Genre aber auch gut verstecken. Es ist schon so: »Man müsste, wenn jemand stirbt, eigentlich keinen Nachruf auf den Toten schreiben, sondern einen auf die Gesellschaft, die ihn überlebt. Wie sie sich die Dinge zurechtlegt, um selbst gut dazustehen. Wie sie, noch angesichts des Todes, so tut, als würde sie in ihrem abschließenden Urteil letztlich doch noch immer Gnade vor Gerechtigkeit ergehen lassen. Nichts Schlechtes über die Toten heißt in Wahrheit: nichts Schlechtes über die Überlebenden.«[14] Das schreibt nicht etwa der Sozialphilosoph Theodor W. Adorno in den *Minima Moralia*, sondern Frank Schirrmacher selbst, in seinem Nachruf auf den von ihm bewunderten Regisseur Bernd Eichinger.

Was für ein Steinbruch: Wenn man nicht nur die Artikel, Bücher und Briefe, die einer schreibt, zu seinem Werk zählt, sondern auch SMS und E-Mails, dann hat Frank Schirrmacher ein Werk hinterlassen, das vermutlich ein großes Fragment bleiben wird und auch darin zeittypisch ist. Manche haben die Mails gelöscht, manche haben sie aufbewahrt. Wie jener Redakteur, der jede einzelne an ihn adressierte Mail von Schirrmacher in einem Ordner archiviert hat, der den gleichen Namen wie dessen zweite E-Mail-Adresse trägt: Comium. Über tausend Mails sind es.[15] Hinzu kommt das Werk über ihn, zu dem nicht nur die vielen gedruckten Artikel und Portraits zählen, sondern auch die Unmengen von Mails und Gesprächen, in denen er eine Rolle, und zwar meist die Hauptrolle, spielte.

Eigentlich ist es seltsam, dass ich Frank Schirrmacher nie persönlich begegnet bin. Immerhin habe ich rund zwei Jahre für die *Berliner Seiten* der *FAZ* geschrieben, die Hauptstadtbeilage der *FAZ*, und in dieser Zeit, obwohl nur freier Autor, an den Redaktionssitzungen teilgenommen. Aber Schirrmacher war in keiner dieser Sitzungen zugegen. Ich war nicht von Anfang an dabei gewesen, und Schirrmacher, dessen Kind die *Berliner Seiten* waren, hatte sich nach einer Phase, in der er Feuer und Flamme gewesen sein muss, neuen Projekten verschrieben. In diese Zeit fiel seine Begeisterung für die Biopolitik. Am 27. Juni 2000 erschien die legendäre Ausgabe der *FAZ* zur Entschlüsselung des Genoms. Schirrmacher ließ ein Feuilleton drucken, das über sechs Seiten hinweg fast nur aus Sequenzen mit den Buchstaben A, T, G und C bestand. Es war Schirrmachers größter Coup als Blattmacher. Er, der sich für Kunst nicht sonderlich interessierte, hatte die ästhetische Kategorie des Erhabenen aufs Blattmachen angewandt. Das Kunststück hängt bis heute hübsch gerahmt in der Redaktion der *FAZ*.

Später dann, als es mit den *Berliner Seiten* zu Ende war und der von Schirrmacher geförderte Florian Illies mir zu einer Medienkolumne bei der *Netzeitung* verholfen hatte – dem *Altpapier*, in dem dann auch Matthias Dells Artikel über die Nachrufe erschienen ist –, da musste ich viel über Schirrmacher schreiben. »Ich beobachte Sie genau«, hatte er mir in einer der beiden Mails geschrieben. Das gehörte zu den Scherzen, die er nicht nur in E-Mails offenbar gern machte, wie ich bald erfuhr, sondern auch beim persönlichen Kennenlernen,[16] um schon mal den Tarif durchzugeben, oder freundlicher formuliert: um ein kleines Machtspiel zu eröffnen. Und nun beobachtete ich also ihn, den Beobachter, und ich war mir ziemlich sicher, dass er mich in meinem Beobachten beobachtete.

Mich verunsicherte dieser Gedanke, zumal ich in meiner Kolumne von der Begeisterung über seine Einfälle und Artikel allmählich zur Kritik übergegangen war. Vor allem sein notorischer Alarmismus ging mir auf die Nerven. Und ich fand es skandalös, dass er seine exzellenten Kontakte zu den meisten anderen Medienmächtigen schamlos für eigene

Zwecke ausnutzte. Ich schrieb meine kritischen Anmerkungen zu Schirrmacher mit zitternder Hand, aus Angst, mir Karrierechancen zu verbauen, nicht zuletzt natürlich bei der *FAZ* selbst. Ich musste mir das bei der Recherche zu diesem Buch manchmal in Erinnerung rufen, als ich diesen oder jenen Gesprächspartner fragte, warum er sich nicht gegen eine der Schirrmacherschen Unverschämtheiten gewehrt hatte. Und wenn ich Unverschämtheiten schreibe, meine ich nicht nur, einen Mitarbeiter in einer Konferenz so zu kritisieren, dass es als »Fertigmachen« galt, was zumindest von den robusteren Mitarbeitern auch als Motivation verstanden wurde.[17] Ich meine damit zum Beispiel auch: Würgegeräusche von sich zu geben, wenn man am Büro eines verhassten Mitarbeiters vorbeiläuft.[18] Das ist leider das Niveau, von dem man hier sprechen muss.

Mir ist klar, dass das Menschen schockiert, die Frank Schirrmacher ganz anders oder nur aus den Nachrufen kennen. Man kann das nicht in einem Nachruf schreiben. Aber man muss ja auch keinen Nachruf schreiben, wenn man so in den Abgrund geschaut hat. Ein solcher Mensch ist mir bei der Recherche begegnet, eine Frau, die von Schirrmacher erst sehr gefördert, dann, in einer späteren Phase der Zusammenarbeit, drangsaliert worden war. Niemand stellte Schirrmacher zur Rede. Sie ist keinem böse, auch Schirrmacher hat sie verziehen. Auf einen Nachruf allerdings hat sie verzichtet.[19]

Knapp ein Jahr vor seinem Tod habe ich Schirrmacher dann wenigstens einmal aus der Nähe gesehen. Bei einem Empfang, den mein Arbeitgeber, die Wochenzeitung *Der Freitag*, im Oktober 2013 zur Frankfurter Buchmesse gab, stand Schirrmacher direkt hinter mir. Der Internettheoretiker Evgeny Morozov hielt eine Rede über die Freiheit des

Netzes. Morozov war einer von Schirrmachers wichtigsten Autoren in der *FAZ*. Schirrmacher hörte ihm aber überhaupt nicht zu, was der Respekt verlangt hätte, stattdessen sprach er so laut und intensiv auf jemanden ein, dass ich mich nicht mehr auf die Rede von Morozov konzentrieren konnte und von dem Gedanken beherrscht wurde, Schirrmacher aufzufordern, nicht länger zu stören. Ich habe es nicht getan. Die Szene mag banal und alltäglich erscheinen, und doch zeigen sich darin zwei wesentliche Züge von Schirrmacher: Rücksichtslosigkeit und Intensität. Der Zuhörer war Sascha Lobo.

Schirrmacher kommunizierte fast pausenlos. Tag und Nacht schrieb er Mails, er schrieb sie an große Namen und unbekannte Nerds, die er im Internet entdeckt hatte. Diese nervöse, heißlaufende digitale Kommunikation ist das Thema seines vorletzten Buchs *Payback*. *Payback* zählt zum Genre des erzählenden Sachbuchs. Es argumentiert an der eigenen Biographie entlang, aber ohne quälende Selbstbefragung. Die Anekdote, der Hinweis, das Beispiel und das spielerische »Geständnis« sind seine Formen. Schirrmacher, der mit Selbstauskünften in seinen veröffentlichten Texten sparsam umging, kommt das entgegen. Das Geständnis in *Payback* lautet: Ich kann mich nicht mehr konzentrieren, es fällt mir schwer, Bücher zu lesen. Wer wiederum *Payback* zu lesen versucht, obwohl er vielleicht selbst schon von Konzentrationsschwäche befallen ist, entdeckt darin eine große Abschiedsgeste: Schirrmacher verabschiedet die Buchkultur und die Literatur. Er verabschiedet eine Epoche, und er verabschiedet ein Gutteil seiner eigenen Sozialisation und Bildung.

Nicht nur kann Schirrmacher sich kaum noch auf Bücher konzentrieren, er vermag in der Literatur auch kaum noch eine Deutungsmacht der Gegenwart zu erkennen; die Utopie von Hesses *Glasperlenspiel*, die er am Ende des Buchs der heterodoxen Macht der Algorithmen entgegenstellt, wirkt blass. Die »wahren Romane unserer Zeit«[20] schreiben für ihn aber nun die Ingenieure. Das mag sein. Und doch gefällt mir Schirrmacher am besten, wenn er über Literatur schreibt. Als Kritiker hatte er Format. 1996 erschien zum ersten Mal das Buch *Die Stunde der Welt*, das einige bedeutende Aufsätze von Schirrmacher zur Literatur versammelt, nach seinem Tod wurde es noch einmal aufgelegt. »*Die Stunde der Welt* hat mich damals gebannt, letztlich ist wahrscheinlich auch mein *1913* aus diesem Denkraum, den Schirrmacher einst anregte, entstanden«, meint Florian Illies.[21]

Nicht nur für mich war Schirrmacher eine überragende literarische Intelligenz, wenngleich er nicht besonders raffinierte Bestseller geschrieben hat. »Schirrmacher ist ja nicht dumm (...), aber er schreibt Bücher unter seinem Niveau«, urteilte etwa Kurt Scheel, damals Redakteur beim *Merkur*, in einem Gespräch mit der Journalistin Susanne Lang.[22] Lang veröffentlichte 2006 ein furioses Portrait über Schirrmacher in der *taz*. Ich verdanke diesem Portrait wichtige Anregungen.

Wenn mein Buch etwas will, dann vielleicht das: die literarische Intelligenz gegen den Medienwandel und seine Zumutungen ein wenig in ihr Recht zurückversetzen. Bekanntlich hat Schirrmacher diesen Wandel zum beherrschenden Thema seiner Publizistik gemacht. Das »Denken wandert buchstäblich nach außen; es verlässt unser Inneres und spielt sich auf digitalen Plattformen ab«,[23] umschrieb er das Leitmotiv dieses Wandels. Wo früher Briefe waren, sind heute Kurznachrichten und Mails, Tweets und Chats.

Briefe kommen in *Payback* nur noch in einer zynischen

Randbemerkung vor. »Die glühendsten Liebesbriefe, die uns unsere Computer schreiben, sind Statistiken.«[24] Was verändert sich, wenn wir nachts nicht mehr Briefe schreiben, sondern SMS? Die Frage liegt auf der Hand. Schirrmacher dachte nicht nur über diesen Wandel nach, er *verkörperte* ihn. Radikal, sich verausgabend, alle Formen sprengend.

Runden wir das Bild: Mein Schirrmacher ist eine Figur, für die sich Schirrmacher selbst sehr interessiert hätte. Denn er ist eine eminent literarische Figur. Wer das so sieht, kann sich sogar auf Schirrmacher selbst berufen: »Ich habe wie in einem Bildungsroman gelebt«,[25] gesteht er, früh schon auf seine steile Karriere zurückblickend, gleich im ersten der Interviews mit Herlinde Koelbl. Es wundert deshalb auch nicht, dass Schirrmacher vielfach Eingang in die Literatur gefunden hat, sogar in einem Theaterstück taucht er auf, in *Rosebud* von Christoph Schlingensief.

Auch in seinen Liebesbeziehungen scheint es romanhaft zugegangen zu sein – wenn man wiederum der Literatur glauben mag. Im Frühjahr 2018 ist mit *Jahre später* von Angelika Klüssendorf ein Roman erschienen, der nicht unerwähnt bleiben kann. Dieses Buch handelt nicht von Frank Schirrmachers Liebesleben, wer das erwartet, wird enttäuscht werden. Klüssendorf war die erste Ehefrau von Schirrmacher. In ihrem Roman verdichtet sie Szenen einer Ehe zu einer Prosa, die frei von jeder Schlüssellochperspektive ist. Dennoch steckt in der Figur des Chirurgen Ludwig unverkennbar ein Portrait von Frank Schirrmacher. Der »private« Schirrmacher ist nicht so viel anders als der Journalist und Herausgeber Schirrmacher: Ein »Spieler, der blufft, obwohl alles verloren ist«,[26] Verzauberer, Getriebener, Treibender, maßlos im Streit und in der Versöhnung, Übertreiber, Fabulierer … Ein Detail: Ludwig erzählt April abenteuerliche Geschichten über seine nächsten Verwandten, der Bruder arbeite bei der Nato, die Eltern hätten Millionen im Kohlehandel verdient, die Mutter trage weiße lange Kleider. Den Bruder gibt es gar nicht, und als sie das erste Mal die Eltern besuchen, spürt April »Ludwigs Nervosität, streicht ihm tröstend über die Wange, sie ahnt doch längst, dass seine Mutter keine langen weißen Kleider trägt. Ludwig versucht, mannhaft zu sein, und ist doch nur ein Junge. Sogar seine Stimme wird höher. Ist sie nicht hübsch, fragt er und weist auf April, wie vorher auf den Kastanienbaum. Ja, sagt seine Mutter. Es ist, als würde er sich dem kleinen, engen Haus anpassen, dem Klima seiner Kindheit.«[27]

Auch Schirrmacher hat sich im Kollegenkreis für seine eigene Herkunft geschämt,[28] sie in Legenden aufgelöst: In einem Schloss sei er aufgewachsen, seine Mutter sei Jüdin, solche Dinge.[29] Der *Spiegel* hat das dann 1996 in einem auf Krawall gebürsteten Artikel skandalisiert. Das muss man nicht. Aber dass simple Tatsachen allein die Menschen nicht in den Bann ziehen, davon ging Schirrmachers Publizistik schon aus. Wahr ist, dass seine Mutter aus Schlesien stammte. Sie kam nach dem Krieg als sogenannte Vertriebene mit ihrem ebenfalls schlesisch-deutschen Mann nach Wiesbaden. Eine einfache, herzliche, positiv verrückte Frau, die ich bei einem Besuch in Wiesbaden-Bierstadt kennenlernen durfte und deren Deutsch nach so vielen Jahren immer noch eine polnische Einfärbung hatte. Obgleich Schirrmacher besessen war von der Geschichte des 20. Jahrhunderts und von ihren Geschichten, hat er seine eigene Prägung nie miterzählt. Geschrieben hat er allerdings über eine andere Schlesierin, Louise Pohl, die noch Gerhart Hauptmann gesehen hatte und in Karpac, das damals Krummhübel hieß, die Stellung hielt. Sie sei einfach nie weggegangen, »nicht aus ihrem Haus, nicht aus ihrem Wohnzimmer«, schrieb Schirrmacher.[30] Dass Schirrmacher hier flunkert, um den Symbolgehalt ihrer Geschichte zu erhöhen – Frau Pohl hat nicht nur die Wohnung verlassen, sie ist noch im hohen Alter mehrmals im Jahr nach Deutschland gefahren, wie sie mir bei einem Besuch erklärte –, sei erwähnt. Erwähnt sei aber auch, dass Schirrmacher mir bei der Organisation der Reise geholfen hat, obwohl er mich nicht kannte. Er hatte mir geholfen, und ich hatte ihn bei einer eher harmlosen Lüge ertappt. Was tun? Eine Frage, die sich manchem auch existenzieller stellte.

Louise Pohl ragt schon deshalb heraus, weil sie, zusammen etwa mit Christa Wolf, eine der wenigen Frauen ist, die in Schirrmachers publizistischem Werk speziell vorkommen. Das sollte sich erst in den letzten Jahren etwas ändern, als die digitale Bohème für ihn wichtig wurde und mit ihm Frauen wie Constanze Kurz, Julia Seeliger, Shoshana Zuboff oder Yvonne Hofstetter. Aber geschrieben hat er meist über Männer. Sogenannte große Männer, Männer, in deren Leben und Werk idealerweise ein ganzes Jahrhundert nachhallte. Männer wie Marcel Reich-Ranicki, Egon Krenz und last but not least Ernst Jünger, der noch den Kaiser in der Postkutsche gesehen hatte.

George nachspielen

Unsere Postkutsche ist das Telegramm. Schirrmacher hat ja noch Telegramme geschrieben, war mein erster Gedanke, als ich einen Umschlag öffnete, den mir das Amsterdamer Literaturmuseum geschickt hatte. Er enthielt Kopien der Korrespondenz des zwanzigjährigen Studenten Schirrmacher mit Wolfgang Frommel, einem Anhänger des Dichters Stefan George. Briefe, Postkarten und eben auch Telegramme. Telegramme waren die ersten Medien, mit denen Frank Schirrmacher dramatische Effekte erzeugen konnte. Dem exzessiven, langsamen Brief folgte das schnelle, kurze Telegramm. Der großen Erwartung, die er mit einem Besuch beim bewunderten Gegenüber verband, ging die atemlose Verkündigung dieses Besuchs voran.

Als ich nun anfing, die Briefe zu lesen, fühlte ich mich nicht einfach ins Jahr 1980 zurückversetzt, ein Jahr, in dem, sagen wir, die Sowjetunion in Afghanistan einmarschiert war und die Sommerzeit wieder eingeführt wurde. Nein, ich war in eine restlos untergegangene Welt eingetaucht. In eine Welt, in der die Gedanken und Gefühle tief im Innern verschlossen waren, in der die Rede von einem Bund ist, von der Kraft des großen, währenden Augenblicks und großer, glückerfüllter Freundschaft, die den Wendepunkt in seinem Lebens markiere.[31]

Der 1902 geborene Frommel hatte im Dritten Reich in der Nische des Rundfunks überlebt, war dann über Umwege nach Amsterdam emigriert, wo er von 1939 bis zu seinem Tod 1986 das Castrum Peregrini leitete. Diese Stiftung versuchte, das Erbe Stefan Georges und seines Kreises lebendig zu halten. Da nur die Briefe von Schirrmacher an Frommel erhalten sind und diese eben vor allem das innere Erleben ausdrücken, muss ich mir die erste Begegnung der beiden Männer aus verstreuten Hinweisen rekonstruieren. Kennengelernt haben sie sich am 7. Juni 1980 in Heidelberg, Schirrmacher studierte hier Philosophie, Germanistik und Anglistik.

Es ist vermutlich der Anglist Rudolf Sühnel, der Schirrmacher mit Frommel in der Weiss'schen Buchhandlung bekannt macht.[32] Frommel lädt Schirrmacher zu einem Spaziergang auf den Hängen des Heiligenbergs ein. Der Jüngere entflammt. (Der Ältere auch, aber er sagt es nicht.) Rasch ist von einem »Freundschaftsbund« die Rede.

Das Schema eines solchen Bundes ist aus dem George-Kreis vertraut. Er ist ein markantes Beispiel für die Macht der Männerbünde, die das 20. Jahrhundert nicht nur in Form von charismatischen Dichterbünden oder Turnvereinen prägten, sondern auch von Zeitungsredaktionen. In unseren Tagen verblasst diese Kultur allmählich. Zentral für sie ist ein emphatischer Freundschaftsbegriff, in dem der in den zwanziger Jahren viel gelesene Psychologe und Wandervogel-Theoretiker Hans Blüher einen »mann-männlichen Eros« walten sah.[33] Das muss nicht unbedingt gelebte Homosexualität sein. In den meisten Fällen bezeichnet es die Gefühlslage von heranwachsenden Männern, die ein Geheimnis leichter mit einem anderen jungen Mann teilen als mit einer Freundin. Die sich nach Initiation und Führung sehnen. Ein pädagogischer Eros, der den Lehrer nach einem Lieblingsschüler Ausschau halten lässt. Das ist buchstäblich zu verstehen. Die Magie der Blicke füllt ganze Bände im George-Schrifttum.

Über Blicke wird in den Briefen, die Schirrmacher an Frommel schickt, geschwiegen. Immerhin, Schirrmacher ist von der ersten Begegnung mit Frommel so gebannt, dass er ein Gedicht im Stile Stefan Georges schreibt, es trägt den Titel »Liebe zum Meister« und beschwört Täter und Geschick, Seelen und Sein.[34]

Das einzige überlieferte Gedicht von Frank Schirrmacher hat er mit »Alexis Schirrmacher« unterschrieben. In den folgenden Briefen wird er nur noch mit Alexis signieren, was im Altgriechischen Helfer und Verteidiger bedeutet.

Schirrmacher will so schnell als möglich nach Amsterdam, in die Herengracht 401. Hier, in einem fünfstöckigen Turm aus dem 17. Jahrhundert, liegt Frommels Reich, hier versammelt er seine Jünger, darunter sogar Frauen, immerhin gehört der Turm seit 1958 der Malerin Gisèle van Waterschoot van der Gracht. Sie geben eine Zeitschrift heraus, lesen viel und musizieren, über ihr Sexualleben ist nichts bekannt, dass Homosexualität ausgelebt wurde, liegt nahe, Schirrmachers Briefe geben keine Aufschlüsse.

Die Atmosphäre in der Herengracht 401 kennen wir aus den Berichten von Thomas Karlauf. Karlauf hatte zehn Jahre im Castrum Peregrini gelebt, er war die rechte Hand von Frommel. Karlauf ist auch im Haus, als Schirrmacher Frommel das erste Mal besucht. »Wir trafen (Karlauf) zum ersten Mal vor fünfundzwanzig Jahren in Amsterdam im Hause Wolfgang Frommels, dem, wie es seinerzeit hieß, letzten lebenden Georgianer«,[35] erinnert sich Schirrmacher später in der *FAZ*. Anlass der Erinnerung ist der Vorabdruck der spektakulären George-Biographie von Karlauf. Der ist mittlerweile nicht nur ein erfolgreicher Publizist und Literaturagent und der Welt des Castrums entwachsen, er ist auch eine jener Bezugspersonen von Schirrmacher, die im Hintergrund wirken und ihn mit Ideen, Kontakten, Ratschlägen und Buchverträgen versorgen. Das erfuhren die Leser des Artikels natürlich nicht, wie man ja selten etwas über die Entstehungsgeschichte eines Zeitungstextes erfährt. Hier aber wäre schon ganz hilfreich gewesen, wenn Schirrmacher nicht nur seine Begeisterung über die George-Biographie mitgeteilt, sondern auch ein paar Worte zur eigenen Verführung verloren hätte. Immerhin: Schirrmachers Artikel endet mit einer Reminiszenz an das Castrum Peregrini und erinnert an die Rolle, die der Hitler-Attentäter Claus Philipp Maria Schenk Graf von Stauffenberg dort gespielt hat: »Das ›geheime Deutschland‹, dem Stauffenbergs letzter Satz galt, wurde unterdessen in Amsterdam gelebt.«

Das geheime Deutschland – eine Formel, die Ernst Kantorowicz geprägt hatte, ein Historiker aus dem Umfeld des George-Kreises – wurde zum Synonym für den konservativen Widerstand gegen die Hitler-Diktatur. Und bis heute versammeln sich konservative Kleingruppen unter dieser Losung in irgendwelchen Winkeln der Republik. Psychohistorisch kann man sagen, dass das geheime Deutschland eine eigentümliche Mischung aus autoritärer Fixierung und Aufbegehren aufwies. Bei Stefan George und seinem Kreis konnte man sowohl Argumente für einen nach dem Führerprinzip gebildeten Staat finden wie für den Tyrannenmord. Im Castrum Peregrini hielt man primär das Widerstandspathos wach, das durch die eigene Geschichte gedeckt war. Frommel hatte während der Okkupation zwei jüdische Jungen in der Herengracht versteckt, wie Karlauf in einem

Artikel für die Zeitschrift *Sinn und Form* schildert: »Das umgebaute Klavier, in dessen Hohlraum bei Gefahr einer der beiden verschwand, stand noch da. Frommel kam ins Erzählen. Was es bedeute, auf so engem Raum so lange zusammenzuleben, und wie sie sich zu helfen gewusst hätten, indem sie sich gemeinsam in die hohe Dichtung vertieften. Lesen, Abschreiben, Interpretieren, ganze Zyklen auswendig hersagen: Das Exerzitium Georges habe sie gewissermaßen unsichtbar gemacht und vor Entdeckung bewahrt. Frommel schilderte so dicht, dass ich anfing, diejenigen, die den Krieg auf dieser Etage überlebt hatten, zu beneiden.«[36]

Frommel und die Seinen lebten in einer Gemeinschaft, die ihre Kraft aus der Imagination und dem Mythos bezog. Schirrmacher geht in der Rückschau aber noch einen Schritt weiter. »Wer sich auf George berief, berief sich auf eine Fiktion.«[37] Denn Frommel – das hatte Karlauf herausgefunden – war »George in Wahrheit nie begegnet«, obwohl jener immer etwas anderes behauptet hatte. Der »letzte Jünger Georges« (Tilman Krause) war streng genommen keiner.

An Frommels Wirkmacht änderte das nichts. Und es änderte nichts am fundamental-ästhetischen Blick auf die Welt, die sich für Schirrmacher mit George und seinen Epigonen erschlossen hatte: »Ein Gedicht, heißt es, kann die Welt verändern«, schreibt Schirrmacher.[38] Es war sein Credo auch als Journalist. Als Schirrmacher in den frühen achtziger Jahren seine Karriere begann, war der Anspruch auf Weltveränderung noch kein Grund zu Spott, sondern eine verbreitete Haltung unter Journalisten, die sich natürlich vor allem auf eine linke Tradition beriefen. Die Anleihe an George wirkte dagegen frivol, nicht nur weil es dem Zeitgeist zu trotzen schien, sondern auch weil es anstelle von Aufklärung und Kritik Mythos und Verzauberung setzte. Mit Frommel und George tauchte Schirrmacher in eine Welt ein, in der Wahrheit und Lüge, Schein und Sein, Suggestion und Wirkungswille verschwistert wirken. Ganz ist er daraus nie wieder aufgetaucht. Dass es in einer solchen Welt Fallhöhen gibt, dass Pathos leicht komisch werden kann, versteht sich fast von selbst. Es scheint Schirrmacher nicht gestört haben. Das bewies etwa seine Schwärmerei für den Stauffenberg-Darsteller Tom Cruise. Ihren Höhepunkt fand sie im November 2007. Da durfte der Scientologe Cruise für seine Rolle als Hauptdarsteller in *Valkyrie* einen speziellen Preis aus den Händen von Schirrmacher in Empfang nehmen, der nur einmal vergeben wurde. Der spezielle Preis hatte auch einen speziellen Namen: »Ich bin stolz, ihm den Bambi Courage überreichen zu dürfen. Meine Damen und Herren, Tom Cruise.«[39]

Stauffenberg hatte Schirrmacher lange vor dem Bambi Courage beschäftigt. Schon im Juni 1980, als er mit Wolfgang Frommel und Manuel Goldschmidt durch die Heidelberger Hügel gegangen war. Und Stauffenberg ist schließlich auch im ersten Telegramm an Frommel versteckt: »Ankunft Amsterdam 20. Juli. 10:38«.

Schirrmacher hatte seinen ersten Besuch nicht auf einen Allerweltstag gelegt, sondern gleich auf den Tag, an dem Stauffenberg das Attentat auf Hitler verübt hatte, auf den Tag, der zum Symbol des konservativen deutschen Widerstands wurde. Über die Reise selbst ist in den Briefen nichts überliefert. Karlauf war rund ein Jahr zuvor mit Bob Dylan im Ohr zu Frommel gefahren. Mit dem Song *Ballad of a thin man* und der verheißungsvollen Zeile »Because something is happening here, but you don't know what it is«.[40] Ob und falls ja mit welchem Song im Ohr Schirrmacher an jenem 20. Juli in Heidelberg den Zug bestieg, weiß man nicht. Dylan wird es kaum gewesen sein, Schirrmacher blieb die Popkultur fremd. Man weiß, dass er in jenen Jahren gern Reinhard Mey hörte.[41] Von der Songzeile »Über den Wolken muss die Freiheit wohl grenzenlos sein« eine Verbindung zu Stefan George zu ziehen, wäre allerdings müßig.

Auch wissen wir nicht, wie der 20. Juli in Amsterdam gefeiert wurde. Die Eindrücke, die Schirrmacher von seinem ersten Besuch schildert, sind abermals ganz innerlich. Er ist beseelt von der Nähe und der geistigen Übereinstimmung, die er erleben durfte.[42] Er glaubt zu wissen, mit zwanzig schon die entscheidende Begegnung und Erfahrung seines Lebens gemacht zu haben.[43]

Frommel bremst Schirrmacher in den darauffolgenden Wochen und Monaten allerdings immer wieder aus, dessen Enthusiasmus scheint ihm suspekt. Frommel mahnt das geduldige Studium an, die gründliche Aneignung der Gedichte, Schirrmacher will es beherzigen. Was die Freundschaft nun vor allem hervorbringt, sind unzählige Lektürestunden von George-Gedichten und -Übertragungen, deren Erträge er wiederum in Briefen mitteilt. Es wird eine Freundschaft im Medium der Schrift. »Kein Tag, an dem ich nicht in des Meisters Gedichten lese«, schreibt Schirrmacher am 10. Oktober aus Cambridge, wo er ein Gastsemester verbringt.

Hier gefällt es ihm besser als in Heidelberg, die Studenten erscheinen ihm weniger intellektualistisch, es gibt weniger Benjamin-Verehrer und Adorno-Imitierer.[44] Man sollte diese Worte nicht auf die Goldwaage legen. Nur wenige Monate vor diesem Verdikt gegen die Benjamin-Jünger hatte Schirrmacher einen weiteren wichtigen Brief aus Cambridge geschrieben. Er ging an den charismatischen Verleger des Suhrkamp Verlags Siegfried Unseld. Schirrmacher hatte Unseld im Sommer 1981 durch die hartnäckige Vermittlung seiner Schulfreundin Elisabeth Knoll kennengelernt, die bei Suhrkamp eine Lehre als Verlagsbuchhändlerin absolvierte. »Lieber Herr Schirrmacher, immer wieder weist mich Fräulein Knoll auf Sie hin. Könnten Sie uns nicht einmal einige Texte schicken«,[45] hatte Unseld schließlich den Kontakt aufgenommen.

Ob und welche Texte Schirrmacher geschickt hat, ist nicht überliefert. Aber es kommt zu einer Begegnung mit Unseld, aus der Schirrmacher ebenso inspiriert hervorgeht wie aus denen mit Fommel. Er hofft, dass Unseld eine Begegnung mit Max Frisch ermöglichen kann, ihm, dem »Stiller, Faber und Gantenbein die ersten Gestalten waren, die seiner Jugend das Leben verklärten«.[46] Diese Gestalten sind nun allerdings ebenso weit weg vom George-Kreis wie das Bild einer kommenden Literatur, das er in einem weiteren Brief aus Cambridge entwirft. Dafür deckt sich dieses Bild recht genau mit dem, was als *suhrkamp culture* galt. Schirrmacher schreibt begeistert von einer geisteswissenschaftlichen Bewegung, die von Wittgenstein zu Lévi-Strauss, von Chomsky über Walter Benjamin und Ernst Bloch bis hin zu den jüngeren Autoren reicht.[47]

Schließlich sollte Schirrmacher sich in jenem Frühjahr 1981 zum Geburtstag seines besten Freundes etwas ganz besonderes überlegen: Er schenkt ihm die erste Suhrkamp-Ausgabe von Benjamins Paris-Fragmenten in zwei Bänden.[48] In seinen ersten Artikeln versuchte Schirrmacher dann sogar, den irisierenden Stil von Benjamin nachzuahmen.

Jetzt aber ist er eben auch noch im Bann des »M.«, wie Stefan George, der Meister, bald nur noch genannt wird, und versucht diesen zu imitieren. Und so etwas passt eben gut zu Cambridge, wo die Studenten weniger psychologisieren und ihn weniger bedrängen als in Heidelberg.

Letzteres gilt vor allem für die Studentinnen. Auch dieser Bund muss vor »›der frauen fremder ordnung‹« bewahrt werden, wie Schirrmacher an Frommel schreibt. »der frauen fremder ordnung« ist ein Vers aus Stefan Georges *Stern des Bundes* von 1914. Man liest in den Briefen nun von seinen Zurückweisungen interessierter Studentinnen. Hier ist eine Freundin seiner Schwester, die – horribile dictu – von Partnerbeziehung anfängt zu reden,[49] und da ist eine Filmstudentin, die nichts Schöneres kennt, als einmal im Jahr nach Cannes zu fahren und ansonsten über schwarzamerikanische Literatur zu meditieren. Als sie ihn zu einer solchen Meditation verführen will, kann Schirrmacher sich nur noch mit einem Sprung ins Groteske retten: Am liebsten sei er in seinem Zimmer und starre an die Wand, teilt er der Studentin mit. Worauf sie ihn in Ruhe lässt. Selbstredend weiß sie nicht, wer der komische Mann mit hoher Stirn und scharfem Blick auf der Fotografie in seinem Zimmer ist: Stefan George.[50]

Aber trotz Schirrmachers intensiver Bemühung, seine Gesinnung zweifelsfrei nachzuweisen, bleibt Frommel misstrauisch. Briefe bleiben unbeantwortet, Schirrmacher wird unsicher. Möglich ist, dass diese Briefe gar nicht ankommen, aber wahrscheinlicher ist doch, dass sie Frommel zwar erreichen, er aber in seinem Bemühen, die Zweifel auszuräumen, nicht erfolgreich war. Denn Frommel hatte in seinem letzten Brief, der Schirrmacher in Cambridge erreichte, einen Punkt gemacht: Schirrmacher mangele es an Authentizität.[51] Offen sei er und empfangend, aber nicht er selbst. Dieser Vorwurf erschüttert Schirrmacher. Er fühlt sich durchschaut. Mangelnde Authentizität sollte zu einem Lebensthema für ihn werden.

Das Bekenntnis, nicht authentisch zu wirken, klingt selbst authentisch. Dahinter wird eine Angst spürbar. Kann ich überhaupt authentisch sein? Oder bin ich gleichsam zum Spielen geboren? Aber was bleibt einer Spielernatur, wenn sie sich auf einen heiligen Ernst verpflichtet fühlt? Bleibt ihr etwas anderes, als die Inszenierung zu intensivieren? Sich noch mehr in die Sache hineinzusteigern? Schirrmacher gleicht sich nun sogar in der Schrift an George an, schreibt Einzelbuchstaben, nicht mehr zusammenhängend, und nun sehr oft in Kleinschrift. Und er liest nicht einfach bloß jeden Tag noch intensiver in den Gedichtbänden. Er kopiert den Meister nun buchstäblich: Seit »einem monat bin ich dabei, den St. d. B. (*Stern des Bundes*, d. A.) abzuschreiben«?[52] Reines Zitat, reines Spiel.

Aber es hilft alles nichts. Die Freundschaft bröckelt. Die Briefe werden spärlicher. In seinem letzten Brief an Frommel macht Schirrmacher eine schmerzhafte Erfahrung, die auch viele Mitglieder des historischen George-Kreises machen mussten: Der Alltag pocht auf sein Recht. Mit dem Soziologen Max Weber gesprochen, beruht die charismatische Herrschaftsform »auf der außeralltäglichen Hingabe« an eine »Person und der durch sie offenbarten Ordnungen«.[53] Und das verträgt sich nun einmal schlecht mit dem »spröden Alltagsgeschäft«,[54] das Schirrmacher an der Universität so in Beschlag nimmt, dass an Frommel und George kaum noch zu denken ist. Schirrmacher rettet sich mit einer Rolle rückwärts nach vorn. Einerseits sieht er die Zeit kommen, wo er selbst einen »Bund mit jungen Freunden« stiftet. Andererseits ist er nun schon mit der Historisierung und Archivierung seiner Erfahrung beschäftigt. Die letzten Zeilen an Frommel lauten: »Darf ich den Ma. bitten, gegen Rechnung, zweierlei (soweit möglich) zu senden: 2 Ex. des franz. Ausstellungskatalogs 25 Jahre Castrum Peregrini + 1 Ex. Kavafis' Gedichte.«[55]

Ob Wolfgang Frommel ihm das Gewünschte geschickt hat? Immerhin, eine Frau kommt Schirrmacher erst einmal nicht ins Haus. Das wird sich zwar ändern, aber die Idee eines verschworenen Bundes mit gleichgesinnten Freunden wird ihn noch ein paar Jahre beherrschen. Sie lässt sich ganz gut in der *FAZ* verwirklichen. Bis diese jungen Freunde dann zu seinen Feinden werden und ihn aus der *FAZ* wegmobben wollen. In dieser schweren Zeit wird ihn, so ist zu vermuten, an Stefan George und dessen Kreis besonders das Motiv des Verrats interessieren.

Fest erobern

»Das erste, was ich von meinem Vater zu Schirrmacher bekam, war eine Rezension. Wenn ich mich recht erinnere über einen Briefwechsel zwischen George und einer Dame, die mit ihm Briefverkehr hatte. Vielleicht auch eine Förderin, und wenn es nicht George war, dann war es Wolfskehl. Der erste Satz fing ungefähr so an: Selten hat ein Briefwechsel die Unverhältnismäßigkeit ...«[56] Es spricht der Verleger Alexander Fest, Sohn von Joachim Fest, dem 2006 verstorbenen ehemaligen *FAZ*-Herausgeber, den ich in Hamburg besuche, um Genaueres über Schirrmachers Verhältnis zu Joachim Fest zu erfahren. Später wird Alexander Fest im Nachlass seines Vaters für mich nach der Rezension suchen, sie aber leider nicht finden. Und so bleibt ungeklärt, ob Schirrmacher tatsächlich eine Rezension geschrieben hat, die so anfängt, wie Schirrmacher-Rezensionen dann oft anfangen sollten. Oder ob Alexander Fest sich diese Rezension bloß eingebildet hat, weil sie zu Schirrmacher so gut passen würde.

Schirrmachers erste gedruckte Rezension erscheint jedenfalls am 31. März 1983 in der *FAZ*. Eine Besprechung von Hugo von Hofmannsthals zehnbändiger Werkausgabe. Nicht einfach irgendein Beitrag auf den hinteren Seiten des Feuilletons, nein, die Besprechung bildet den ganzseitigen Aufmacher der Literaturbeilage – wer je als junger Mensch mit zitternder Hand nach seinem Namen in der Zeitung gesucht hat, wird ermessen, welche Glücksgefühle das in dem dreiundzwanzigjährigen Schirrmacher ausgelöst haben muss.

Es sollte aber noch ein Jahr dauern, bis Schirrmacher sich Gehör beim Herausgeber verschaffen konnte. Seine Schulfreundin Elisabeth Knoll stiftet auch den Kontakt zu Joachim Fest, vermutlich im März 1984 kommt es zu einem Treffen.[57] Wenig später hospitiert Schirrmacher im Feuilleton, in das er am 1. Juli 1985 eintritt, eingestellt von Joachim Fest. Wenn man damalige Redakteure fragt, wie der junge Schirrmacher auf sie gewirkt hat, dann war er, je nach Perspektive: unterwürfig und respektvoll, aber das war natürlich eine Maske, lustig, in einer Kultur hochgezüchteter Bedenkenträger, erfrischend bedenkenlos, interessiert, der einzige der Jungen, der immer die Füße auf dem Schreibtisch hatte, eher unansehnlich, aber hatte so ein Leuchten in den Augen, kein glänzender Schreiber, aber immer klar gedacht, klar geschrieben, ein außergewöhnlicher Schreiber ...

Joachim Fest jedenfalls hatte offenbar einen Narren an Schirrmacher gefressen. Wie einen Sohn habe er ihn geliebt, heißt es. Der junge Alexander musste sich als Rivalen empfinden. Die Rezension, die sich heute nicht mehr finden lässt, habe ihm der Vater damals mit den Worten ausgehändigt: »Hier, nicht schlecht, der ist genauso alt wie du.« Joachim Fest verstand sich als Pädagoge. Aber das schützt nicht vor Verletzungen, und wer verletzt ist, sieht oft schärfer. »Kein Wunder, dass du das gut findest, der schreibt ja ungefähr wie du«, gab Alexander dem Vater Paroli.

Schirrmacher imitierte nun also Joachim Fest, besser gesagt, er imitierte nun *auch* Joachim Fest. Als er dann Redakteur in der *FAZ* war, tat er alles, um dem Bewunderten zu gefallen. Das fiel natürlich auf. Aber wo die einen womöglich nur eine Schleimspur sahen, erkannten andere eine Leistung: »Er hatte einen richtigen Schlachtplan«, erinnert sich ein damaliger Redakteur.[58] Falls es eine Kunst des Schmeichelns gibt, muss man den jungen Frank Schirrmacher unbedingt zu denen zählen, die sie beherrschen. So streut er nicht nur passende Zitate von Thomas Mann in seine Reden, er berichtet Fest auch enthusiasmiert von Lektüreerlebnissen, die ihn die halbe Nacht nicht schlafen lassen, und zitiert ganze Passagen aus dem Werk des Lieblingsschriftstellers von Joachim Fest. Böse Zungen behaupten, dass er sich die Passagen während der Fahrt mit der S-Bahn ins Büro eingeprägt habe. Nun, was wäre dagegen zu sagen? Schirrmacher ging freilich noch einen Schritt weiter: Er zitierte nicht einfach das Werk des Lieblingsschriftstellers, er *verkörperte* es buchstäblich, hier nun, indem er sich zum Felix Krull machte.

Oder wie soll man es anders bezeichnen, wenn einer sicherheitshalber stets eine Ausgabe der *Buddenbrooks* bei sich trägt? Was man als Scherz formuliert haben mag, erwies sich als wahr: »Schirrmacher hatte einen alten Lederranzen auf seinem Schreibtisch, man hatte ihm ein freies Zimmer gegeben, in dem er aber meistens gar nicht war, so ging es schon einmal los, und die Tasche war halb offen.« Und weil die Tasche schon mal halb offen war, warf der Kollege einen Blick hinein: Es war wirklich eine Ausgabe der *Buddenbrooks* darin.

Aber mit den *Buddenbrooks* allein gewinnt man das Herz eines Joachim Fest nicht. Und so lag noch ein anderes Buch in dem alten Lederranzen. Das Buch, das Fest berühmt gemacht hat. *Hitler. Eine Biographie* war 1973 erschienen, im selben Jahr, in dem Fest Herausgeber der *FAZ* wurde. Aber nicht nur diesen Sensationserfolg als Buchautor sollte Schirrmacher später seinem großen Vorbild nachmachen; Fest hatte in der *FAZ* auch das Debattenfeuilleton schon ausgebildet. Wie man Öffentlichkeit schuf, die Leser anregte oder aufregte, in jedem Fall aber erregte, das bewies Joachim Fest, als er am 6. Juni 1986 eine Rede des Historikers Ernst Nolte in der *FAZ* drucken ließ, die jener während der Frankfurter Römerberggespräche nicht halten durfte. Nolte hatte darin die Frage aufgeworfen, ob der »›Rassenmord‹ der Nazis« nicht eine Antwort auf den »›Klassenmord‹ der Bolschewiki« gewesen sein könnte. Er hatte also den Holocaust nicht nur relativiert, sondern in die Nähe von Nachahmung und Notwehr gebracht.[59] Und damit war der Historikerstreit geboren, ein Streit unter Gelehrten, der an Intensität bis heute seinesgleichen sucht. Der junge Redakteur Schirrmacher war als moderierende und lernende Kraft tätig, öffentlich bezog er keine Position …

Anders als man vielleicht denken konnte, wurde Fest nicht von der Universität auf den Herausgeberposten der *FAZ* berufen, er kam vom öffentlich-rechtlichen Fernsehen, wo er die Sendung »Panorama« moderiert hatte. Nun wollte er das Feuilleton in alle Richtungen so weit popularisieren, dass es wieder an dessen große Zeit in der Weimarer Republik anknüpfte; ein Faible, das Schirrmacher mit ihm teilte und das sich später etwa in Art und Anspruch der *Berliner Seiten* niederschlug. So hatte Fest sich die Erlaubnis der anderen Herausgeber geholt, im Feuilleton, das er überhaupt erst zu einem eigenen Buch in der Zeitung gemacht hatte, auch über Politik schreiben zu dürfen, und er hat die bis heute bestehenden Geisteswissenschaftsseiten eingeführt, um eine Brücke zwischen der akademischen Welt und der gebildeten Öffentlichkeit zu bauen. Last but not least hatte er mit Marcel Reich-Ranicki einen Literaturchef installiert, der sich erheblich von seinem sperrigen Vorgänger Karl Heinz Bohrer unterschied.

Diese Popularisierung wurde von Schirrmacher fortgesetzt. »Die Boulevardisierung, die Fest im Sinn hatte, war keine Absenkung des Niveaus, sondern eine Dramatisierung, die auf den Gefühlswert einer These abzielte. Die Provokation stärker machen als ihre Begründbarkeit«, differenziert Jens Jessen, der etwas früher zur *FAZ* gekommen war als Schirrmacher und heute bei der *ZEIT* arbeitet.[60] Schirrmacher hätte das bestimmt unterschreiben können. Im Habitus seines Vorbilds Fest drückte sich diese Lust an der Provokation allerdings nicht aus, es sei denn, man hält eine vornehme Kühle für provokativ. Aber Fest hatte, ganz in der Linie der Künstler-Bürger-Problematik von Thomas Mann, eine Vorliebe für bunte Hunde wie den Künstler Friedjof Hansen oder den genialischen Redakteur Michael Schwarze. Der Außenseiter im bürgerlichen Haus; diese Figur machte den Reiz des Feuilletons in der *FAZ* aus. In dem Maß, wie die bürgerlichen Normen und Lebenswelten verblassen, verliert diese Spannung an Reiz. Aber bis in seine letzten Jahre, als er fast zu einem Nerd geworden war, profitierte Schirrmacher von dieser Spannung, die ihn am Anfang seiner Karriere zu dem Versprechen werden ließ, der neue Michael Schwarze zu sein.

Als Schirrmacher 1984 seine Hospitanz in der *FAZ* antrat, war Schwarze gerade mit nur neununddreißig Jahren an Krebs gestorben. Links sei er gewesen, aber kein Achtundsechziger, und das war für Joachim Fest, der die revoltierenden Studenten verachtete, das entscheidende Kriterium. Einer, der zum Filmfestival nach Cannes fuhr, dort die meiste Zeit in den Kneipen vertrödelte, dann aber den einen entscheidenden Film nicht nur gesehen hatte, sondern auch so darüber schreiben konnte, dass er alle verzauberte. In Schirrmacher habe Fest nun also den neuen Michael Schwarze gesehen. Vom Habitus kam das hin. Jens Jessen erinnert sich an Schirrmachers Erscheinungsbild: »Hemd aus der Hose, solche Dinge. Fest selbst steckte ja in einer Rüstung, das Bohèmienartige fand er gut. Das Bürgerlich-Unbürgerliche. Man ist geprägt vom Bürgerlichen und hat gleichzeitig einen dumpfen Hass auf das Bürgerliche.«[61]

Und so erzählt sich die Geschichte des steilen Aufstiegs von Frank Schirrmacher nach dem George-Reenactment in der Frommel-Zeit nun als ein Stück Literatur von Thomas Mann weiter. Diese Geschichte wäre unvollständig, würde nicht die Episode geschildert, in der Schirrmacher aus Fests Hitler-Biographie einen Funken schlug. Es ist sein Gesellenstück in der Kunst des Antichambrierens. Allerdings muss gesagt werden, dass die Episode in zwei Versionen existiert. In der einen Version hat Schirrmacher vor der *Society of Fellows* tatsächlich an der Harvard University einen Vortrag über die Hitler-Biographie gehalten. Eingeladen wurde er von seinem alten Studienfreund Joseph Koerner, der in Harvard als Kunsthistoriker lehrte. Da es an dieser Variante erhebliche Zweifel gibt, habe ich bei der *Society of Fellows* nach einem Beleg für Schirrmachers Vortrag gefragt. Die Antwort: Die Vorträge seien nicht gelistet, aber im Gästebuch zum Abendessen findet sich kein Eintrag. Wenn der Vortrag stattgefunden habe, dann nicht im üblichen Rahmen. Joseph Koerner bezeugt in einer Mail an mich, er habe Frank Schirrmacher im Mai 1988 zum Vortrag vor der *Society of Fellows* eingeladen, und Schirrmacher habe ihn noch im selben Monat in Harvard gehalten. Die genaueren Umstände erinnere er nicht mehr.[62]

Angenommen also, Schirrmacher hat den Vortrag wirklich gehalten, stellt sich die Frage, in welcher Sprache er ihn gehalten hat. Ich frage Koerner in einer zweiten Mail. Seine Antwort: »Frank spoke in English.«[63] Das Manuskript, das Schirrmacher Joachim Fest gab, ist auf Deutsch. Angenommen also, Körner erinnert sich nicht falsch, hat Schirrmacher in seiner Rede entweder fortlaufend einen deutschen Text ins Englische übersetzt, was schwer vorstellbar, aber doch nicht unmöglich ist, zumal er Anglist war. Oder er hat erst einen vollständig ausgearbeiteten deutschen Text geschrieben und diesen dann ins Englische übersetzt. Oder erst einen englischen Text für den Vortrag geschrieben und diesen später ins Deutsche übersetzt. Aber machen wir es nicht zu kompliziert. Das fünfzehnseitige maschinenschriftliche Skript mit dem Titel »*Vortrag auf Einladung der ›Society of Fellows‹*, Harvard University, Cambridge MA«, das Schirrmacher im Frühjahr 1985 an Joachim Fest übergab, existierte primär aus einem Grund: damit Joachim Fest es las.

Denn was Fest da las, war in höchstem Maße schmeichelhaft, wenn es ihn auch nicht daran hindern konnte, Tipp- und Rechtschreibfehler handschriftlich zu korrigieren. Schirrmacher beginnt einmal mehr mit einem Bekenntnis: »Joachim Fests Hitler-Biographie gehört zu meinen großen, unübertroffenen und immer noch nicht abgeschlossenen Lektüre-Erfahrungen.«[64] Das stimmte zweifellos. Bezeugt ist, dass Schirrmacher schon 1982 die Führerbunker-Szenen aus Fests Biographie »beinahe auswendig« konnte, und durch den sprechenden Namen des SS-Gruppenführers, der Hitlers Leiche nach dessen Selbstmord aufgefunden hatte, geradezu illuminiert wurde: Rattenhuber.[65]

Die Epiphanie der Lektüre entsprach der Bedeutung des Buchs: Es handele sich »wohlgemerkt um das erfolgreichste deutsche Sachbuch der Nachkriegszeit« und werde mit jedem Jahr, in dem das Dritte Reich zurückliegt, wichtiger. Aber jetzt schon lasse es sich sinnvoll nur noch mit einem anderen vergleichen: »Ich neige zu der Ansicht, dass es ungefähr das geleistet hat, was Thomas Mann durch den *Doktor Faustus* hatte leisten wollen: Entmythologisierung der deutschen Geschichte, Aufklärung über ihre verbrecherischen Inhalte und Diagnose über ihre nächste Zukunft.«[66] Der Vergleich mit dem *Faustus* dürfte Fest besonders gefallen haben. Es folgen einige brillante Gedanken, besonders bestechend der, dass mit dieser Biographie, die zwar ständig von Hitler rede, in Wahrheit aber über die Gesellschaft spreche, die ihn möglich gemacht hat, der deutsche Bildungsroman zu seinem Ende komme. Schirrmacher schließt mit einem gekonnt gesetzten Stich gegen den Meister, der das Antichambrieren mit einer Spur Renitenz würzt: Das Buch müsse »im Rahmen einer Art ›Psychosozial‹-Historie gefasst werden – ein Ausdruck, der Fest selber nicht gefallen dürfte«. Schließlich: »Ich werde dies, wie ich hoffe, in der gedruckten Fassung dieses Vortrags noch genauer ausführen können.«[67]

Eine gedruckte Fassung folgte nicht. Aber warum ein solcher Aufwand, um Fest zu beeindrucken? Wir schreiben das Jahr 1988, an dessen Ende Marcel Reich-Ranicki in den Ruhestand gehen und Schirrmacher nach Fests Willen dessen Nachfolger werden sollte. Zweifelte Fest an seinem Entschluss? Hatte Schirrmacher nicht viele Male bewiesen, dass er ein glänzender Literaturkritiker war? Doch, das hatte er. Von Ernst Jünger bis Rolf-Dieter Brinkmann. Und hatte er nicht gezeigt, dass er ein Gespür für Reizthemen hat, dass er als Literaturchef also Akzente setzen können wird? Auch das hatte er. Den Skandal um Paul de Man, den berühmten Dekonstruktivisten und Freund von Jacques Derrida, der keine Wahrheit in der Literatur stehen lassen wollte, der aber, wie nun bekannt wurde, als junger Journalist antisemitische Beiträge verfasst hatte, wurde durch Schirrmacher in Deutschland überhaupt publik gemacht. Einmal mehr war er schneller als die anderen und hatte einen Artikel in *The Nation* nicht nur gelesen, sondern dessen Bedeutung sofort begriffen. Und dann klar Position bezogen: gegen das Verdrängen durch eine raffinierte, aber zweifelhafte Methode, deren Geschichtsfeindlichkeit, wie man nun an ihrem berühmtesten Exponenten erkennen konnte, ein biographisches Motiv zugrunde lag. Allerdings fütterte Schirrmacher seine Anklage mit einer kühnen Behauptung: Paul de Man habe »mindestens hundert solcher Artikel geschrieben – nach neuesten Schätzungen sogar weit über 400«,[68] behauptete er am 10. Februar 1988 in der *FAZ*. Wenig später musste er zerknirscht dementieren: Es waren nicht 400 Artikel. Sondern zwei.

Solche Aktionen konnten bei Joachim Fest den Verdacht aufkommen lassen, dass der Scharfsinn und die Verstiegenheit in seinem Zögling eine problematische Liaison eingegangen waren.

Und natürlich gab es Alternativen. Zum Beispiel Gert Ueding, der bei Teilen der Redaktion sehr beliebt war und schon lange für die *FAZ* schrieb; Marcel Reich-Ranicki war durch den Hessischen Rundfunk auf den Germanisten aufmerksam geworden.[69] Bald lernte er Ueding so schätzen, dass er ihm einen gut dotierten Honorarvertrag gab, der keine Menge an zu schreibenden Artikeln festlegte, was andere Mitarbeiter in der langen und wechselvollen Geschichte des deutschen Feuilletons schon mal auszunutzen wussten. Nicht so Ueding, der nicht nur viel schrieb, sondern das in Reich-Ranickis Augen auch so gut tat, dass er ihn zu seinem Nachfolger machen wollte. Das Einverständnis von Joachim Fest, der eben noch nicht ganz auf Schirrmacher festgelegt war, soll vorgelegen haben. Ein Angebot, das auch dann attraktiv ist, wenn man schon Professor an der Uni Oldenburg ist. Und Ueding wäre wohl wirklich nach Frankfurt gegangen, wenn nicht in den Entscheidungsprozess hinein Walter Jens aufgetaucht wäre und Ueding ein noch besseres Angebot gemacht hätte: sein Nachfolger zu werden. Und so kam es, dass der neue Literaturchef der *FAZ* nicht Gert Ueding hieß.

Ein Problem gab es aber gleichwohl noch. Schirrmacher hatte Fest immer wieder erzählt, dass seine Promotion so gut wie fertig sei. Fest wollte nun endlich Taten sehen. Er stellte eine Bedingung an Schirrmacher: Wenn er Literaturchef werden wolle, müsse er sich zuvor promovieren lassen. Im Mai 1988 wurde Schirrmacher in Siegen promoviert. Unter Umständen, die nicht eben geeignet waren, Fests Zweifel zu zerstreuen.

Bei allen Zweifeln, die Fest haben mochte, in einem konnte er sich sicher sein. Sosehr Schirrmacher für moderne Literatur schwärmte, sosehr er sogar die kritische Theorie positiv rezipierte, so wenig bestand die Gefahr, dass mit ihm der verhasste Geist der Studentenbewegung in die *FAZ* getragen wurde. Kaum etwas schienen Fest und Schirrmacher mehr zu verachten als die Achtundsechziger und ihre Folgegenerationen, die ihr Organ in der *Frankfurter Rundschau* hatten. Betroffenheitskult, der Terror der Sanftheit, die »Emotionalisierung fast aller Themen«; all das löste in Schirrmacher heftige Abwehrreflexe aus, und er hatte die neuen Zwänge, die aus der Befreiung des Selbst hervorgingen, schon ganz gut wahrgenommen, als er im Sommer 1986 die Reformuniversität Bielefeld betrat: »›Lies nicht – Nimm DICH wichtig‹ – schütter gewordener Slogan in einer Ecke. Die Wände, das labyrinthische Gebäude selbst beginnen den Fremden zu duzen. Längst befindet man sich nicht mehr in einem Bau, sondern im Bunker eines unendlich verschlungenen Ichs, aus dem kein Entkommen möglich scheint.« Schirrmacher findet dann doch einen Ausgang, der aber nur in einen neuen Alptraum führt: »Zwei Männer in Korbstühlen, eine junge Frau auf einem Sofa, Teetassen mit den Händen umklammert, kein Aufblicken, keine Bewegung. Sofort war klar, dass ein Fremder, ein Außenseiter jetzt die Schwelle überschritten hatte. Ohne die Chance einer Frage traf ihn die in fast quälend liebevollem Ton gehaltene Zurechtweisung: ›Setz dich, aber halt dich ein bisschen, die Rita ist grad ausgeklinkt‹.«[70]

Deutlich wird in dieser Reportage, einer der wenigen, die Schirrmacher geschrieben hat: Er verabscheute die Reformuniversitäten. Er würde sie am liebsten nie mehr betreten müssen. Aber manchmal hat man keine Wahl. Zum Beispiel dann nicht, wenn man von einer Reformuniversität für seine Karriere profitieren kann. Da ist also die Gesamthochschule Siegen, 1972 gegründet, ein Kind der sozialliberalen Regierung, mit einer extrem liberalen Promotionsordnung. Diese Promotionsordnung lässt es zum Beispiel zu, dass schon veröffentlichte Arbeiten angenommen werden. Dass eine solche schon veröffentlichte Arbeit wiederum nicht zu stark auf einer Magisterarbeit fußen darf, ist gleich gar nicht geregelt. Man muss es halt nur wissen. Und der Literaturwissenschaftler Hans Ulrich Gumbrecht, der seit 1983 eine Professur in Siegen hat, weiß es. Gustav Seibt, der seit 1985 im Feuilleton der *FAZ* angestellt ist, kennt Gumbrecht und ruft ihn an: »Damit Frank Literaturchef werden kann, sagt Fest, muss er promoviert sein. Würdest du das machen?«[71] Gumbrecht denkt nach und sagt schließlich zu. Die Entscheidung fällt ihm umso leichter, als er gerade ein Graduiertenkolleg im Modellversuch aufbaut. »Das Versuchsziel lautete: Kann man nicht nur habilitierte Akademiker, kann man Geisteswissenschaftler in andere Berufe lotsen?«, erinnert sich Gumbrecht. Allerdings hätte man in Schirrmachers Fall das Versuchsziel etwas anders formulieren müssen: Kann man einen Geisteswissenschaftler auch befördern, wenn er schon in einem anderen Beruf ist?

»Ich fand diese total pragmatische Einstellung gut«, sagt Gumbrecht, der heute in Stanford lehrt. Wer es pragmatisch sieht, empfindet Einwände schnell als lästige Zwischenrufe eines Bedenkenträgers und Erbsenzählers. Einwände hatte der zweite Gutachter von Schirrmachers Dissertation, Jens Malte Fischer. Die Einwände waren so massiv, dass Fischer einen Misstrauensantrag stellte und dem Fachbereich riet, die Arbeit von Schirrmacher schlichtweg abzulehnen. »Schrift als Tradition. Die Dekonstruktion des literarischen Kanons bei Kafka und Harold Bloom« heißt sie, Umfang: 180 Seiten. Die Arbeit basiert auf einem Aufsatz, der 1987 in dem von Schirrmacher herausgegebenen Sammelband *Verteidigung der Schrift* bei Suhrkamp erschien, erweitert um ein Vorwort von zehn Seiten sowie 22 Seiten »zweiter Teil«. Dem Aufsatz zugrunde lag die Magisterarbeit, die laut dem damaligen Gutachter mit ihr »praktisch identisch« sei, aber verschwunden ist.[72]

Diese beeindruckende Verwertungskette geistiger Arbeit war aber nicht Gegenstand des Gutachtens. Allein der Inhalt zählte. Fischer war der Meinung, dass Schirrmacher ein blitzgescheiter Kopf und auch ein guter Kafka-Kenner sei, dass er aber keine Ahnung von der jüdischen Mystik habe. Insbesondere nicht von der Kabbala, die der Arbeit zugrunde gelegt wurde.[73] Schirrmachers These lautete nämlich, dass Kafka seinen Roman *Der Prozess* wesentlich mithilfe der Kabbala geschrieben habe.

An diesem Punkt gibt es zwei Möglichkeiten. Entweder man nimmt die Einwände des Kollegen so ernst, dass eine gründliche Überarbeitung der Dissertation angezeigt ist, oder (vielleicht weil für solche Kinkerlitzchen einfach keine Zeit ist) man zieht einen dritten Gutachter hinzu. Es wurde also ein dritter Gutachter hinzugezogen. Der sah die Sache gnädiger. »Ich konnte weder Gumbrechts noch Fischers Position teilen«, erinnert sich Gerhard Kurz, damals Professor in Gießen. »Fischer hatte zu Recht bemängelt, dass in der schmalen Dissertation häufig zu wenig erläutert wird und dass der Stand der Kafka-Forschung (…) und der jüdischen Mystik zu wenig berücksichtigt wird. Andererseits enthält die Dissertation so viele originelle, sensible und luzide Beobachtungen und Interpretationen zu dem, was Kafka unter ›Schrift‹, also seiner Literatur und ihrer Selbstreflexivität versteht. Daher erfüllte sie ein wichtiges Beurteilungskriterium von Dissertationen: Eine originelle Fragestellung und entsprechende Ausführungen, die zu produktiven Erkenntnisfortschritten führen.«[74]

Und so wurde Frank Schirrmacher promoviert. Am 10. Mai 1988 wurde ihm die Urkunde zugestellt, die Note lautete, pragmatisch, Magna Minus. Also eine 2,3.[75] Das war nicht glänzend, aber der Weg, Marcel Reich-Ranicki zu beerben, war nun frei – auch wenn Joachim Fest natürlich nicht entgangen war, dass Schirrmacher an einer Gesamthochschule promoviert wurde und nicht, wie angenommen, in Heidelberg, wo Fest selbst studiert hatte und zwar bei dem berühmten Romanisten Hugo Friedrich, wie er gern erwähnte.[76] Schirrmachers Dissertation war rechtens, aber sie hatte einen Beigeschmack. Das war auch Schirrmacher selbst bewusst. Zwei Dekaden später, als der Skandal um die plagiierte Doktorarbeit von Karl Theodor zu Guttenberg die Öffentlichkeit beschäftigte, schrieb er keine Zeile darüber. Guttenberg musste vom Amt des Verteidigungsministers zurücktreten. Für den Feuilleton-Herausgeber der *FAZ* wäre es schon fast Pflicht gewesen, die wissenschaftlichen Standards ohne Wenn und Aber zu verteidigen. Er tat es nicht. Von Schirrmacher findet sich keine Zeile zum Fall Guttenberg. Wieso nicht? Weil er Gefahr gelaufen wäre, schlafende Hunde zu wecken? Die Hunde schliefen tief, nichts geschah.

Der neue Literaturchef

Im Januar 1989 wurde Frank Schirrmacher Literaturchef. Auch wenn er nicht als Partylöwe bekannt war und dem Wein im Unterschied zu Cola light nur mäßig zusprach, musste das gefeiert werden. »Ich war zufällig in Frankfurt, ich hatte eine Zigarette geraucht, und er war sehr euphorisch, er hatte, ausnahmsweise, eine Menge getrunken, ich auch«, erinnert sich ein damaliger freier Mitarbeiter. »Es musste was geschehen. Jetzt rufen wir die (…) an. Schirrmacher gab sich als der berühmte Linguist Roman Jakobson aus (der da im Übrigen schon sieben Jahre tot war). Er sprach mit russischem Akzent. Wir mussten so lachen, dass wir uns in den Teppich eingerollt haben. Es ging um sexuelle Anzüglichkeiten. Wir können uns da und da treffen, und die Kollegin war von einer unheimlichen Ambivalenz, weil da der Roman Jakobson anrief und sie wahnsinnig geschmeichelt war, aber sie wollte sich dann doch nicht auf ein ›sexuellen Rencontre‹ einlassen. Darauf sagte Schirrmacher alias Roman Jakobson: ›Man behandelt uns Juden, als wären wir noch in einem Lager‹. Sie antwortete: ›Nein, nein‹. Er sagte: ›Doch, doch‹. Zum Schluss: ›Können Sie mir Ihre Adresse zukommen lassen, ich möchte Ihnen Sonderdrucke schicken.‹ So. Und dann hat er gleich auch noch den Habermas angerufen und zum Frankfurter Flughafen geschickt, wo niemand war. Es war extrem. Er hatte ein unglaubliches Talent zur Imitation. Er war Roman Jakobson, auch wenn ich bis heute nicht weiß, wie Roman Jakobson geklungen hat, aber es klang total plausibel, und es ging an die Grenze.«[77]

Kamen einem solchen Grenzgänger gelegentlich auch Selbstzweifel? Bezeugt ist die Angst vor dem Absturz. »Sein ewiger Satz: Morgen kann alles vorbei sein, zusammenbrechen, auffliegen. In allen Varianten«, erinnert sich ein Wegbegleiter. Gespeist wurde diese Angst aus einem tiefen »Gefühl von Illegitimität, Hasardeurtum, als Rückseite seiner Wunderkindkarriere«.[78] Diese Angst teilte Schirrmacher auch seinem Publikum mit. Im November 1988 stellte er in der Reihe *Romane von gestern, heute gelesen* Heinrich Manns *Im Schlaraffenland* vor. Der Text enthielt einen Kassiber. »Ein junger Mann, berauscht und überfordert von seinen Erfolgen, dreht durch«,[79] lautete der erste Satz, der von den Kollegen als Schlüsselsatz gelesen wurde.[80] Der designierte Nachfolger von Reich-Ranicki sprach hier offenkundig über sich selbst. Die Angst vor dem Absturz hat Schirrmacher nicht verlassen. Die Ahnung, dass er für sein »frühes Glück die Zeche bezahlen« muss, äußerte er in einem der Gespräche mit Herlinde Koelbl. Frivoler drückte er sich bei einem Spaziergang durch die Frankfurter Innenstadt aus. »So werde ich enden«, sprach er zum Kollegen und zeigte auf einen Bettler.[81]

Dazu kam es schon deshalb nicht, weil es vor dem Absturz keinen besseren Schutz gibt als die beständige Angst vor ihm. Dazu kam: Zwar waren Joachim Fest Zweifel gekommen, Schirrmacher zum Literaturchef zu machen, diese Zweifel wurden aber von den Bedenken der anderen Herausgeber gleichsam neutralisiert. Du willst einen Achtundzwanzigjährigen zum Nachfolger von Reich machen?, hatte man sinngemäß gefragt, und Fest hatte sinngemäß geantwortet, es gelte, einen überragenden Geist ans Haus zu binden, bevor der an der Universität reüssiert.[82] Zweifellos wäre Schirrmacher ein origineller und inspirierender Literaturwissenschaftler geworden. Wahrscheinlicher wäre allerdings gewesen, dass er bei Suhrkamp Karriere gemacht hätte, hätte man sie ihm in der *FAZ* verweigert. Seinen Kollegen erzählte er von verlockenden Angeboten, die Siegfried Unseld ihm gemacht hätte. Bezeugt ist, dass Unseld ihm schon früh angeboten hatte, Assistent bei Suhrkamp zu werden.[83]

Für Joachim Fest bedeuteten die literarischen und theoretischen Vorlieben seines neuen Literaturchefs eine willkommene Horizonterweiterung. So nahm Fest jetzt schon mal einen Band von Claude Lévi-Strauss in die Hand. »Oder auch Herta Müller oder Gabriele Goettle, das hat Fest sich dann schon angeschaut. Er hat das Alternativangebot, dass es eben nicht immer nur Walser oder Ulla Hahn sein musste, gerne angenommen«, erinnert sich ein Weggefährte.[84] Marcel Reich-Ranicki dagegen konnte mit Goettle oder Lévi-Strauss wenig anfangen.

Was hat Schirrmacher eigentlich an seinem Vorgänger bewundert? Was von ihm übernommen, da er doch weder mit dessen Literaturvorlieben noch mit seiner Art der Kritik viel anfangen konnte? Die Frage stellt sich auch vor dem Hintergrund der Huldigungen, die Reich-Ranicki später bei seinen Geburtstagen oder bei Erscheinen seiner Autobiographie *Mein Leben* von der *FAZ* erfahren hatte. Veranstaltungen, die, nach meinem Empfinden, nie ganz frei vom Gestus der Vereinnahmung eines Schicksals waren. Ehrlicher als vieles andere gibt darüber vielleicht eine Marginalie Auskunft, die Schirrmacher, untypisch für ihn, zwischen anderen Beiträgen zum 85. Geburtstag von Reich-Ranicki platziert hatte. Die Marginalie zeigt Reich-Ranicki als Betriebsnudel im besten Sinn des Wortes, als einen Menschen voller Esprit und Geschichten, alert, ständig telefonierend (wann hat er eigentlich gelesen?). »Herr Schirrmacher, Sie wissen nicht, was sich abspielt«, soll Reich-Ranicki seine Anrufe eingeleitet haben, auf die man sich schon deshalb gefreut habe, weil er so viel besser erzählen konnte als man selbst: »Was haben wir in unserem langweiligen Alltag gekramt, um ihm ein paar aufregende Geschichten zu bieten. Oft mit dem Ergebnis, dass er die Pointe der Erzählung mit dem Satz quittierte: ›Ist Ihre Geschichte jetzt zu Ende?‹ Oder: ›Komm noch was?‹ Oder: ›So. Das war Ihre Geschichte.‹«[85]

Das ist Feuilleton. Wo Langeweile eine Todsünde ist, wird die Neugierde zur Kardinaltugend – auch wenn sie von der Klatschsucht manchmal kaum zu unterscheiden ist, aber wer möchte das ernsthaft beklagen? Allerdings geht es nicht nur darum, zu wissen, »was sich abspielt«. Es geht schon auch darum, mitzuspielen. Und es fällt schwer, wenn man es dann nicht mehr darf: Marcel Reich-Ranicki wollte unbedingt länger in der *FAZ* bleiben, als es die Verträge vorsehen. Mit fünfundsechzig kann einer in den Ruhestand treten, mit siebenundsechzig muss er. Reich-Ranicki bekam sogar noch ein Jahr drauf, formal zu Einarbeitung seines Nachfolgers, aber dann war auch für ihn Schluss.

Darunter hatte nun auch der neue Literaturchef zu leiden. »Reich-Ranicki versuchte ihn immer weiter zu kontrollieren und gegen ihn zu intrigieren. So dass einige sagen, diese Erfahrung mit Reich-Ranicki hat ihn böse gemacht, ihm die Arglosigkeit ausgetrieben«, erinnert sich Jens Jessen. »Reich-

Ranicki war ja extrem machtbewusst. Ein schwieriges Problem. Wie damit umgehen?«[86]

Die Antwort: Indem man ihn sich vom Halse hält und entsprechende Anweisungen an die Sekretärin gibt. »Die Ruppel lässt mich nicht durch«, beklagte sich Reich-Ranicki über Schirrmachers Sekretärin bitterlich – notabene bei einer anderen Sekretärin.[87] Die *FAZ* war damals eine Männerwelt, aber getreu eines Songs von James Brown wäre sie nichts gewesen ohne Frauen. Insbesondere nicht ohne Anneliese Ruppel, der ersten Sekretärin von Schirrmacher, die von 1955 bis 2002 in der *FAZ* arbeitete und am 24. Juli 2015 starb, rund ein Jahr nach ihrem Chef. Der Flut an Nachrufen auf Schirrmacher steht ein Nachruf auf sie gegenüber, verfasst von Andreas Platthaus. Schreib-, Schrei- und Triebkraft sei die Ruppel gewesen, zu allem habe sie eine Meinung gehabt, allen habe sie die Meinung gegeigt, und doch: »ein guter Geist, der mit großem Organisations- und Verhandlungsgeschick beschenkt war«.[88]

Dass das Organisieren, Briefeschreiben und Telefonieren zu den Aufgaben einer Sekretärin gehörte, ist bekannt. Ohne sie wären keine Werke möglich. Aber es geht womöglich tiefer. Dass es in einem Betrieb, der vollständig auf Kommunikation basiert, womöglich mindestens so wichtig ist, fallweise Kommunikation gar nicht erst entstehen zu lassen, wird wenig bedacht.

»Die Ruppel lässt mich nicht durch.« Um zu verstehen, was dieser Satz bedeutet, muss man schlicht die Frage nach der Macht stellen. Dabei täte man der *FAZ* jener Jahre unrecht, wenn man sie als ein normales Medienunternehmen verstünde, das höchstens die Besonderheit hatte, anders als vergleichbare Unternehmen nicht von einem Chefredakteur geführt zu werden, sondern von einer Handvoll Herausgeber, die man mit Fürsten vergleichen kann. Schon dieser oft gezogene Vergleich zwischen der *FAZ* und der feudalen Welt zeigt den Sonderfall ja an: Es ist etwas Altmodisches in der Herrschaftsstruktur dieses Unternehmens. Aber nach dem Soziologen Niklas Luhmann ist dieser Anachronismus auch wiederum nicht so ungewöhnlich. Moderne »Organisationen«, wie er es nennt, basieren nicht einfach auf einem rationalen Herrschaftsmodell, in dem durch Verträge und Anweisungen Kompetenzen und Befugnisse geregelt, Aufgaben zugeschrieben und Ziele definiert werden. Nein, unterhalb der »formalen Ordnung« bildet sich eine »informale Ordnung«, in der Cliquen agieren, Erwartungen formuliert und »Machtschwerpunkte« gebildet werden.[89] Es gibt kein Medienunternehmen ohne diese informale Ebene, ich werde in diesem Buch noch öfter auf sie zu sprechen kommen.

Was bei Luhmann die informale Ebene ist, entspricht ungefähr dem, was der Rechtsphilosoph Carl Schmitt anschaulich den »Vorraum der Macht« genannt hat. So, wie es keine formale Ebene ohne informale gibt, so existiert keine Macht ohne diesen Vorraum. »Vor jedem Raum direkter Macht bildet sich ein Vorraum indirekter Einflüsse und Gewalten, ein Zugang zum Ohr, ein Korridor zur Seele des Machthabers.«[90]

Als Reich-Ranicki von Anneliese Ruppel also nicht mehr zu Schirrmacher durchgestellt wurde, wurde ihm buchstäblich der Zugang zum Ohr des Machthabers verwehrt. Schirrmacher wusste sehr genau, was dieser Vorraum bedeutet, er selbst hatte seine Karriere ja entscheidend seiner Beherrschung zu verdanken, und er hat die größten Probleme bekommen, als er diesen Vorraum auch dort zu beherrschen versuchte, wo man als Chef die Dinge besser laufen lässt. Es reicht eben nicht, Schirrmachers sagenhafte Karriere in den Begriffen der Thomas Mannschen Literatur zu beschreiben. Man muss mit Carl Schmitt ergänzen: Als er Joachim Fest seinen Hitler-Biographie-Vortrag zum Lesen gab, war er nicht nur ein Felix Krull, er verstand es auch glänzend, einen *Korridor zur Seele des Machthabers* zu öffnen – den er für Reich-Ranicki erst einmal wieder schließen musste, um überhaupt arbeiten zu können.

Es scheint, dass man sich im Gegensatz zu Schirrmacher in der *FAZ* damals keinen rechten Begriff von diesem Vorraum der Macht machen konnte. Vielleicht, weil man zu arglos, vielleicht, weil man zu vornehm war, ein Herrenclub quasi. So sieht es Jürgen Busche, damals Redakteur im politischen Buch, aber zwischen den Fürstentümern oszillierend: »Der Club hatte zwar verschiedene Ebenen, aber die Leute auf diesen Ebenen spielten das nicht aus. In den Konferenzen nicht, in den Gesprächen nicht, sie haben alle schwer gearbeitet, und sie nahmen alle ernst, was einer sagte, der nun zum Club gehörte. Dass irgendjemand diese Clubatmosphäre ausspielen würde, um da Ränke zu schmieden, das hat es nicht gegeben. Die waren dann einer Energie, wie sie Schirrmacher aufbrachte, einfach nicht gewachsen.«[91]

Und diese Energie richtet sich nun auf ein neues Ziel: Nachfolger von Joachim Fest werden, in dessen Vorraum Schirrmacher ja immer noch saß. Dabei war das Ränkeschmieden eine Sache, aber Schirrmacher beherrschte den Vorraum noch durch eine andere Machttechnik, die man nur selten als eine solche versteht: den Streich. Dass die *FAZ* eine seriöse Zeitung war, bedeutet ja nicht, dass es in ihrer Redaktion nur ernsthaft zugegangen wäre. Man gewinnt fast den gegenteiligen Eindruck, jedenfalls fürs Feuilleton.

Der anarchische Witz war sein Glutkern, der, gut dosiert, auch das Blatt erhitzte.

Die Streiche, die Schirrmacher ausheckte, waren aufwändig und hintersinnig. Einmal erstellte er am Drucker fingierte Einladungskarten, vorgeblich lud der Kollege Hennig Ritter ein. Vornehme Karten, der Hinweis auf die Garderobe fehlte nicht. Allerdings stand dort, wo normalerweise »dunkler Anzug« oder »Kleid« steht, schlicht: »Mit Hut«.[92]

Mal abgesehen davon, dass der Hut als Symbol für den Mann anzeigt, an wen man damals dachte und an wen nicht, wenn man einlud: Ein Streich ist ein Witz auf Kosten eines anderen und zur Freude des Publikums, das in diesem Fall aus den Kollegen bestand. So fern ist der Witz eben nicht von einer Intrige. Der Kopierraum lag direkt neben Henning Ritters Büro, was natürlich ein Zufall ist, aber zum Symbol taugt: Im Vorraum der Macht gibt es nicht nur den Korridor zur Seele des Machthabers, der Machthaber nutzt diesen Korridor auch selbst, um in die *Seelen seiner Untergebenen* zu dringen. Ein paar Jahre später wird Schirrmacher entlang des Korridors oft verschlossene Türen vorfinden und sich mit guten Gründen fragen, was dahinter ausgeheckt wird. Jetzt aber standen sie meist offen, aus Geselligkeit, um sich austauschen zu können, geschlossen wurden sie eigentlich nur, wenn einer schrieb. Anders die Tür zum Zimmer des Literaturchefs, die oft verschlossen war, zusätzlich abgeschirmt durch das Sekretariat.

Hatte Schirrmacher von Anfang an die entscheidenden Figuren gegeneinander ausgespielt? Es gibt Leute, die das so sehen. Um zu verstehen, wie dieser Eindruck entstehen konnte, muss man ins Jahr 1986 zurückgehen. Es tobte der

Historikerstreit, in dem es um die Frage ging, ob man den Holocaust mit den stalinistischen Massenmorden vergleichen konnte und wie weit ein solcher Vergleich gegebenenfalls trägt. Der Historiker und Faschismusforscher Ernst Nolte hatte den Vergleich am 6. Juni 1986 in der *FAZ* sehr weit gezogen. Die Antwort kam postwendend. Nolte verharmlose die Naziverbrechen, indem er sie »als Antworten auf (heute fortdauernde) bolschewistische Vernichtungsdrohungen mindestens verständlich« mache, urteilte Jürgen Habermas in der *ZEIT*. Das Singuläre am Holocaust schrumpfe »auf das Format einer technischen Innovation«.[93]

Damit warf Habermas das Streichholz ins Öl, das Fest verschüttet hatte. Fest reagierte gereizt. So war das mit der Relativierung der Singularitätsthese dann doch nicht gemeint. Seine Angriffe mündeten in die Kritik an dem, was heute »Whataboutismus« heißt. Habermas und Konsorten neutralisierten die Leiden der einen Opfer durch die reflexartige Frage nach den anderen Opfern, Mitleiden und Empathie seien offenbar keine neutralen Güter, fand Nolte. Die Millionen Toten des Archipel Gulag würden Intellektuelle wie Habermas kaltlassen, weil hier ja nicht Nazis, Kolonialmächte oder der US-Imperialismus geschlachtet hatten. Was Fest dann schrieb, mündete in ein krasses Bild. Man muss genau lesen: »Wer dies mit der Scham der Henkersöhne oder -enkel erklären will, die sich scheuen, vom Strick im Haus des anderen zu sprechen, irrt sicherlich. Schon angesichts der französischen Massaker in Algerien, später angesichts von Vietnam und dann von Chile oder Argentinien, blieb, mit guten Gründen, die Zurückhaltung aus. Und mit einer Empfindungslosigkeit, die schlimmste Erinnerungen heraufbeschwört, macht man sich an irgendwelchen Professoren-Schreibtischen daran, die Opfer zu selektieren.«[94]

Gemeint war der Schreibtisch von Professor Jürgen Habermas. Selektieren, ein schreckliches Wort. Habermas ein Schreibtischtäter? Der Philosoph war begreiflicherweise empört. Er empörte sich allerdings über eine Passage, die wahrscheinlich gar nicht von Fest selbst stammte. Nachdem der Artikel erschienen war, hatte Schirrmacher sich nämlich gegenüber einem Kollegen gerühmt, den Satz mit der Selektion habe er Fest diktiert.[95] Warum hatte Schirrmacher das getan? Weil er Fest abermals gefallen wollte? Hatte er denn nicht bedacht, dass derselbe Satz, der Fest gefallen würde, nicht nur Habermas verletzen musste, sondern auch Marcel Reich-Ranicki, der im Historikerstreit verständlicherweise mit Fest nicht konform ging? Oder hatte Schirrmacher genau *das* bedacht?

Was plausibel scheint, muss nicht wahr sein. Die Frage nach dem Nutzen einer Handlung beantwortet nicht die Frage nach deren Intention. Zugetraut hat man Schirrmacher ein solches Ränkespiel allerdings, so sehr beschäftigte er die Einbildungskraft. Vergleiche zu Honoré de Balzac wurden gezogen: »In seinen Monomanien und seinem Macht-Instinkt erinnerte er mich an Vautrin, den vielleicht größten, gewiss aber ambivalentesten und deshalb faszinierendsten von allen Balzac-Protagonisten«, gestand Hans Ulrich Gumbrecht.[96]

Wer einem seiner besten Freunde als »Verbrecher großen Stils« (Ernst Robert Curtius) aus Balzacs *Comédie humaine* erschienen ist, der muss in der Kunst der Intrige schon bewandert gewesen sein. Gumbrecht zog den Vergleich nicht etwa heimlich, sondern vor Publikum, in seiner Rede bei der Gedenkfeier für Frank Schirrmacher in der Frankfurter

Paulskirche. Die Szene mutete in ihrer Frivolität selbst wie aus einem Roman von Balzac an. Gumbrecht habe sich wohl versprochen und nicht Vautrin gemeint, sprach ihn ein Balzac-Kenner vor der Kirche an. Doch, genau den habe er gemeint, erwiderte jener, dem die lustvolle Provokation nicht fremd ist. Vautrin? Den die Leser der *Comédie humaine* auch als entflohenen Sträfling unter seinem richtigen Namen Jacques Collin kennen, sowie als falschen spanischen Abt namens Carlos Herrera, der seinen Schützling Lucien erst zum Erfolg verhilft, dann mit unlauteren Methoden ins Gefängnis und in den Selbstmord treibt, bevor er in sich geht und Polizeipräfekt von Paris wird? Der Vautrin? Der Vergleich hinkt natürlich nicht erst hier, man muss die Kirche im Dorf lassen.

Zwar beschäftigte Schirrmacher die literarische Einbildungskraft schon früh, es sollte aber noch ein wenig dauern, bis er tatsächlich in die Literatur Eingang fand. Das geschah mit Eckhard Henscheids *10:9 für Stroh*. Ich hatte lange versäumt, diese Erzählung zu lesen. Bei den Recherchen für dieses Buch wurde sie mir eindringlich genannt, dass man glauben konnte, es handele sich um einen Schlüsseltext zum Verständnis von Leben und Ansichten des Frank Schirrmacher: »Kennen Sie eigentlich *10:9 für Stroh*?« Ich las sie also. Selbstverständlich hatte ich angenommen, dass Schirrmacher darin die Hauptrolle spielt. Aber da irrte ich. *FAZ*-Redakteur Gustav Seibt und der Mediävist Dieter Groh stehen in ihrem Zentrum. Die beiden treten als Doktorand Greif und Prüfer Stroh auf. In der mündlichen Prüfung zur Promotion, dem Rigorosum, kommt es zum Kräftemessen des jungen mit dem älteren Gelehrten. Der akademische Wettstreit wird von Henscheid nicht zuletzt dadurch satirisch überhöht, dass er bei fast vierzig Grad Celsius ausgetragen wird. Das Duell setzt sich bis in den Abend fort und endet in einer rasanten Autofahrt zu einer Tankstelle. Am Steuer sitzt Schirrmacher alias »Dr. Frank O. Schummetpeter«, Chef eines Instituts für angewandte Trend- und Kommunikationswissenschaften, der seinen Mitarbeiter Greif nach Baden-Baden begleitet, wo es – in der Erzählung! – eine dieser »sog. Reformuniversitäten aus den 70er Jahren«[97] gibt. Während der Prüfung sitzt Schummetpeter im Publikum und hört zu. Bevor es losgeht, steht man im Flur, Greif weist ihn auf ein Konzertplakat hin, »worauf ihm Schummetpeter wohl irgend eine Art Auskunft gab, sich dabei aber seinerseits recht ausladend und wie abwesend an der Hose, an der Geschlechtsgegend kratzte. Von vorne war diese schwarze Anzugshose etwas weniger speckig als an seinem jetzt wieder (…) weit, immer weiter durchhängenden Hinterteil.«[98]

Besonders liebevoll kann man diese Beschreibung nicht nennen. Besonders bösartig ist sie allerdings auch nicht, eher heiter-spöttisch, im Einklang mit dem Tonfall der Erzählung. Ihr Leitmotiv ist indessen nicht Schirrmachers Kleidungsstil, sondern dessen Freude am Autofahren. Diese Freude ist vielfach bezeugt. Fast alle Zeugen, die ich gesprochen habe, sind der Ansicht, dass Schirrmacher ein guter Fahrer war, ich kenne zwei abweichende Meinungen, beide stammen von Frauen. In einem Fall mag der Eindruck allerdings dem Umstand geschuldet sein, dass man zu Joachim Fests Geburtstag fuhr, und Schirrmacher verständlicherweise nervös war.[99] Und von den beiden einzigen Malen, in denen ich ihn leibhaftig gesehen habe, saß er das eine Mal in einem Porsche und trug eine Schiebermütze. Das war Anfang der Nullerjahre in der Nähe der Hackeschen Höfe in Berlin. Wenig später konnte man ihn dann in einem Geländewagen durch Berlin kurven sehen, er hatte sich einen Mercedes der G-Klasse gekauft.[100] Die Reihe gibt es seit 1979, sie wird bis heute fast unverändert gebaut. Aus jener Zeit stammen auch die Sicherheitsstandards, es ist der wohl am wenigsten sichere Mercedes, den man sich kaufen kann. Schirrmacher fuhr zudem ein Cabrio, und er fuhr am liebsten mit offenem Verdeck. Das Auto als Metapher für ein Leben drängt sich hier fast auf: Abenteuerlich soll es zugehen! Jedenfalls gemessen an der S-Klasse, die von den übrigen *FAZ*-Herausgebern bevorzugt wird. Der kurze, offene Geländewagen steht aber auch im Kontrast zur gepanzerten, langen Variante der G-Klasse, mit der russische und andere Neureiche über den Kudamm donnern. Gegen deren vulgäre Demonstration der Macht wirkte ein Schirrmacher mit seinem Jeep wie eine heitere Reminiszenz an Doktor Tracy aus *Daktari*.

Und dann waren da ja noch die Dienstwagen. Zuerst fuhr er sie noch selbst, später dann als Herausgeber mit Fahrer, das hatten er und Hugo Müller-Vogg der Geschäftsführung abgetrotzt.[101] (Den Geschäftsführern stand ebenfalls eine Limousine mit Fahrer zu, es ging um Gerechtigkeit.) März 1990, Schirrmacher war im blauen BMW auf dem Weg zur ersten Leipziger Buchmesse nach der Wende: »Frank liebte den tollen Dienstwagen (…), und immer wieder ließ er in den Dörfern Thüringens vor den Kindern am Wegrand die Scheinwerfer aufleuchten. Es war eine Art Siegesfahrt, auf der er die Weltgeschichte und zugleich den eigenen Erfolg auskostete«, erinnert sich Gustav Seibt in einem Capriccio, das zum Tod von Schirrmacher in der *FAZ* erschien.[102]

Der kleine Exkurs bliebe unvollständig, wenn er nur von Schirrmachers Freude an triumphalen und offenen Fahrten handelte und nicht auch von seiner Lust am Tempo. Auf der Autobahn fuhr Schummetpeter »meist nicht unter 190 Sachen«,[103] steht in *10:9 für Stroh*. Das passt zu einem, der nicht nur riskant und triumphal, sondern auch schnell dachte und seine Artikel »ziemlich schnell« schrieb.[104] Der mit seinen Themen, Debatten, Entdeckungen schneller sein wollte als die Konkurrenz. Ein Leben auf der Überholspur.

»Wir saßen in seinem BMW. Schirrmacher hat getan, was man damals brettern nannte, dazu lief italienische Opernmusik, die er unentwegt kommentierte«, erinnert sich Eckhard Henscheid, als er mir erzählt, wie es zu *10:9 für Stroh* kam.[105]

Wir schreiben den 5. Juli 1990.[106] Nachdem Henscheid und Schirrmacher ihren Freund Gustav Seibt zu seinem Rigorosum nach Konstanz begleitet haben, kommt ihnen auf der Rückfahrt die Idee, den denkwürdigen Nachmittag in einem Prosastück festzuhalten. Man wälzt die Sache durch, ein Abdruck in der Beilage *Bilder und Zeiten* der *FAZ* wird vom neuen Literaturchef in Aussicht gestellt: »Ursprünglich waren so zwanzig, dreißig Schreibmaschinenseiten vorgesehen, die dann eingekürzt werden sollten. Schirrmacher war sehr neugierig. Er war ja überhaupt ein sehr neugieriger Typ. Und er hat sich von der Geschichte viel versprochen. Das ist belegbar durch ein, zwei Telegramme.«[107]

Zu Hause schreibt Henscheid rasch einen ersten Entwurf, aber irgendwie kommt die Sache nicht voran. Erst gut sechs Jahre später entsteht die Erzählung in der Form, die wir kennen. Schirrmacher wird also auf den Namen »Dr. Frank A. Schummetpeter« getauft, und damit auch jeder den Braten riecht, wird drei Zeilen vor Einführung des Namens der »Kulturteil der FAZ« erwähnt.[108] An einen Abdruck in der

FAZ ist nun nicht allein des enormen Umfangs wegen nicht mehr zu denken oder weil der Protagonist eine unvorteilhafte Hose trägt. Nein, Schummetpeter, das klingt wie Schummelpeter, und so soll es ja auch klingen. Schirrmacher ist wütend. So wütend, dass dann auch keine Besprechung in der *FAZ* erscheint. So wütend, dass er seinen Mitarbeitern verbietet, in dem Verlag zu publizieren, in dem das Machwerk erschienen war, und zwei Vorhaben, eines davon stand schon in der Vorschau, wieder zurückgenommen werden mussten.[109] Es trifft den gerade neu gegründeten Verlag von Alexander Fest.

Eckhard Henscheid lebt schon lange wieder in der Altstadt von Amberg, der kleinen oberpfälzischen Stadt, in der er geboren wurde. Mitte siebzig ist er nun, etwas müde wirkt er, aber zwischendurch blitzt Schalk auf, wenn er von den Zeiten spricht, in denen ein Autor auf Telegramme von Verlegern oder Literaturchefs wartete, während er an der Schreibmaschine seine Arbeit verrichtete. Damals in Frankfurt war er ein gefragtes Mitglied der Neuen Frankfurter Schule. Das Gespann, dem außer Henscheid unter anderem auch Robert Gernhardt, F. K. Waechter und Hans Traxler angehörten, war respektlos, ironisch und kritisch, albern und ernst, bewandert in Adorno, aber als Achtundsechziger empfanden sie sich nicht. Und obwohl sie fest in der hochliterarischen Tradition verwurzelt waren und ihren Charme nicht zuletzt aus deren Profanierung zogen, muten sie heute wie die Vorläufer der Popliteratur an. Die *Titanic* war ihr Zentralorgan. Das gefiel Schirrmacher; mit solchen Typen konnte er seinen Laden aufmischen, die wollte er haben. Auf Vermittlung von Gustav Seibt kommt es zu einem ersten Treffen mit Robert Gernhardt und Henscheid im Presse-Stübchen im Frankfurter Westend, das von den *FAZ*-

Redakteuren frequentiert wird. Wir bauen hier was auf! Ihr seid ganz wichtig! Der neue Literaturchef begeistert seine Gesprächspartner. Henscheid gibt zu bedenken, dass er mit Marcel Reich-Ranicki über Kreuz liege, der doch in der *FAZ* bestimmt auch nach seiner Pensionierung viel zu sagen habe. »Nur noch ein biologisches Problem«, wischt Schirrmacher die Bedenken vom Tisch.[110] Henscheid stutzt kurz, aber eigentlich empfindet er sein Gegenüber als angenehm. Schirrmacher ist wirklich interessiert, stellt Fragen. »Wenn man ein freundlicheres Wort für ›alert‹ fände, käme das der Sache nahe.« Man kommt zusammen, schreibt das eine und andere für *Bilder und Zeiten*. Die Wege sind kurz. Gustav Seibt ist Henscheids Nachbar im Westend.

Wenn ein neuer Chef antritt, verläuft das nie konfliktfrei. Es gibt Sieger und Verlierer, es gibt die Berauschten und die Gekränkten. Die neue Generation und die alte Generation. Da ist Gert Ueding. So wie ein Henscheid für das neue, coole Feuilleton der *FAZ* steht, repräsentierte Ueding die Reich-Ranicki-*FAZ*. Die Böll- und Andersch-*FAZ*. Die *FAZ*, die Schirrmacher aufmischen will. Auch wenn Ueding keine Ambition auf den Posten des Literaturchefs mehr hatte, so war da doch noch der Honorarvertrag als Autor und Ueding willens, ihn weiter zu erfüllen. Das Verhältnis lässt sich gut an, Schirrmacher besucht seinen Mitarbeiter in Tübingen, man geht essen, diskutiert über das Literaturblatt. Dann aber tritt eine Verschlechterung des Verhältnisses ein, deren Ursache Ueding erst nachträglich bewusst wird. Schirrmacher hatte sich bei einem dieser Treffen erst zurückhaltend, dann immer eindringlicher nach der Möglichkeit einer Nebenlehrtätigkeit am Tübinger Seminar erkundigt.[111] Ueding bot ihm ein Praxisseminar an. »Ein Praxisseminar aber war für ihn nicht reizvoll genug. Ziel war es sowieso, nach einer bestimmten Dauer (er erkundigte sich danach) der Lehrtätigkeit, den Professorentitel zu bekommen.« Nachdem sich die Aussicht auf einen Professorentitel zerschlagen hat, werden Uedings Artikel auffällig stark gekürzt oder mit vielen Korrekturen versehen zurückgeschickt. Oder sie spuken herum. Wie Uedings Rezension zur Erzählung *Marie Schnee* von Henscheid. Ueding mochte Henscheid nicht und hatte ihn einmal als »Klamaukschriftsteller« bezeichnet, von seiner Kritik war also nichts Gutes zu erwarten.[112] »Es muss Anfang '89 gewesen sein, Schirrmacher war schon im Amt«, erinnert sich Henscheid. »Dann hat er den Ueding angerufen, was mit der Besprechung von *Maria Schnee* sei, die noch der Reich in Auftrag gegeben hatte. Ja, die mache er demnächst, hat Ueding geantwortet. Das sei aber ein lächerliches Buch. Das war aber ein Fehler von ihm, die Herren Seibt und Schirrmacher waren sich einig, dass das kein lächerliches Buch war.«

Die Causa habe Ueding den Kopf gekostet, behauptet Henscheid, der als Satiriker immer noch einen Sinn für Intrigen hat, aber möglicherweise kein ganz präzises Gedächtnis mehr. Gert Ueding stellt es jedenfalls anders dar: Es habe keinen Auftrag zur Rezension gegeben. Zum Bruch mit Schirrmacher sei es vielmehr durch einen kritischen Artikel über Ernst Jünger gekommen, den Schirrmacher nicht drucken wollte, und einen giftigen Artikel über den Berliner Literaturpreis, den Schirrmacher selber schreibt und drucken lässt. Den hochdotierten Berliner Literaturpreis gibt es bis heute. Es war Gert Ueding, der ihn Anfang 1989 mit Freunden ins Leben gerufen hatte. Die Jury-Sitzung sollte öffentlich werden, es gab Ideen, sie im Fernsehen und Radio zu übertragen. Davon bekam nun Schirrmacher Wind. Als dann auch noch bekannt wurde, dass der Klagenfurter

Literaturpreis künftig von 3sat übertragen werden soll, erkannte er einen Trend.

Schirrmacher verfasste eine flammende Verteidigung der fragilen Literatur gegen ihre Zurichtung durch einen massenmedial aufgerüsteten »Betrieb«. Der Betrieb, das sind für den Literaturchef der *FAZ* »Darstellungs-, Bloßstellungs- und Hinrichtungskomplexe«, das ist »Show«, das ist die »systematische Vermischung völlig unterschiedlicher Medien und Interessen«.[113] Mit anderen Worten: Der Betrieb ist vieles von dem, was Kritiker Schirrmacher später selbst vorwerfen sollten. Es ist der Berliner Literaturpreis, der die neue Tendenz symbolisiert. »Wir verheimlichen nicht, dass in seiner Jury Rezensenten dieser Zeitung tätig sind.« Damit war Ueding gemeint, der sich nun in einer misslichen Rolle fand. Schirrmacher schrieb nämlich weiter: »Öffentliche Jurys ausschließlich aus Kritikern ergeben (...) eine sonderbare Mischung aus besten Absichten, Machtbewusstsein und einem Hauch von Sadismus.«

Dasselbe ließe sich allerdings auch über die Kritik an der Kritik sagen. Was macht man, wenn man in seiner eigenen Zeitung so angeschossen wird? Gert Ueding sucht Rat bei Walter Jens. Demissionieren, rät Jens, um der Kündigung zuvorzukommen. Ueding schreibt den Brief, schickt den Brief und lässt sich – Luhmanns »informale Ordnung« – über dessen weiteres Schicksal unterrichten. Den Brief in der Luft schwenkend soll Schirrmacher durch den Korridor gelaufen sein und frohlockt haben: »Der Ueding hat gekündigt.« Sieger und Verlierer, verletzte Eitelkeiten und ein Hauch von Sadismus und über alledem eine naive Frage: Warum nicht einfach über Differenzen offen sprechen?

Nun stand einer wie Ueding auch für das kulturelle Establishment und das »juste milieu«, das man als Literaturchef der *FAZ* im gleichen Zug bedienen wie latent verachten musste, um ein singuläres Prestige zu gewinnen. Allerdings durfte man dabei die Balance nicht verlieren, was seinem Vorvorgänger Karl Heinz Bohrer passierte, der seinen Literaturteil zunehmend mit dem »Rücken zum Publikum«[114] machte, weshalb er von Fest durch Marcel Reich-Ranicki ersetzt wurde. Reich-Ranicki verkörperte auf einzigartige Weise das, was man einen integrierten Außenseiter nennen könnte. An diesem Typus orientierte sich auch Schirrmacher, aber aus naheliegenden Gründen war weniger Marcel Reich-Ranicki sein Vorbild, sondern mehr Hans Magnus Enzensberger. Als Schirrmacher später in einem seiner schönsten Texte überhaupt Enzensberger zum siebzigsten Geburtstag huldigte, schrieb er abermals ein verstecktes Selbstporträt: »Über Enzensberger wissen wir fast nichts. Das wenige passt in die knappen Spalten eines Fragebogens«, fängt das Portrait an und heißt im Untertitel nicht zufällig »Kindheit eines Chefs«. Es lohnt sich, daraus zu zitieren:

»In seinem Werk gibt es so gut wie keine Wiederholungen. Offenbar langweilt ihn, was er beherrscht. So ein Kind kennt jeder aus seiner eigenen Kindheit: Es sind jene geheimnisvollen und unnahbaren fünf- oder sechsjährigen Experten (etwas ganz anderes als die Streber), denen, obwohl gleichaltrig, alles schon gelungen ist, was man selber erst erlernt. (…) Es sind spöttische Einzelgänger, um deren Freundschaft alle buhlen, und die sie nur selten und dann auch nur auf Bewährung vergeben. Meist sind es schon früh geschäftstüchtige Charaktere (…), Geheimnisträger, Kundschafter, als Einzelgänger auch den Erwachsenen überlegen. ›Ich bin keiner von uns! ich bin niemand! / finger weg! ich bin allein! lasst mich los!‹ So einer ist Enzensberger.«[115]

Und so einer ist eben auch Schirrmacher. »Kindkaiser« nannte man ihn damals auf dem Korridor; Kurt Scheel oder Karl Heinz Bohrer hatten den Ausdruck erfunden, wer es wirklich war, ist heute nicht mehr zu rekonstruieren.[116] Jedenfalls macht das Wort hier Sinn: Auch Schirrmacher ist ein Fremder an der Spitze der Organisation, voller Machtwillen, voller Verachtung für das Mittelmaß, das ihn umgibt. Dann lieber die Schwierigen! So wie Schirrmacher sein Herz später den Nerds öffnen sollte, so sympathisierte er als Literaturchef mit dem »Typus des verlegenen, unsicheren, menschenscheuen Schriftstellers«,[117] der von der neuen Betriebsamkeit zur Strecke gebracht werden soll.

Dass Schirrmacher den Betrieb scharf beobachtet hat, wird in einem Beitrag deutlich, den er für den *Merkur* verfasste. Bohrer, jetzt Herausgeber dieser »deutschen Zeitschrift für den europäischen Geist«, mochte Schirrmacher zwar als Kindkaiser verspotten, eine Kolumne hatte er dem angehenden Literaturchef dennoch für seine Zeitschrift angeboten. Sie sollte schlicht *Literatur* heißen. Am 6. Juli 1988 schickt Schirrmacher die erste Folge an Bohrers Redakteur Kurt Scheel, der sie redigiert und in den Satz stellt.

Die Kolumne ist nie erschienen, Bohrer fand sie grässlich. Wer sie heute liest, wundert sich allerdings über das Verdikt. Schirrmachers Ansatz dürfte Bohrer eigentlich geschmeichelt haben. Schirrmacher fand nämlich, dass es der Literaturkritik an theoretischer Durchdringung mangele: »Im Augenblick fehlt in der journalistischen Literaturkritik, was die avancierte Wissenschaft im Poststrukturalismus gefunden hat: die theoretische Umgangssprache.«[118] Stattdessen beherrsche die »intellektuelle Rollenprosa« die Kritik, und es reüssierten Werke, die diese Rollenprosa bedienten. Möglicherweise war Bohrer erbost, dass Schirrmacher seinen Befund am falschen Objekt vertiefte: an Rainald Goetz' Roman *Kontrolliert*. »Am besten ist sein Roman noch dort, wo er Wissenschaftsprosa mit dem Sound des Punk erzählt. Ansonsten scheint diese zwischen Artaud und Heinrich Böll sich bewegende Prosa zu nichts weniger zu taugen als zu einer Ästhetik des Bösen«, urteilte Schirrmacher. Mit dem Bösen als moralischem Vorwurf durfte man Bohrer natürlich nicht kommen; dessen literaturkritischer Ethos bestand gerade darin, das Ästhetische aus der Umklammerung des Moralischen zu befreien. Es war die erste Episode in einer jahrelangen Fehde mit Rainald Goetz, die vonseiten des Schriftstellers nicht selten unter der Gürtellinie geführt wurde. Umgekehrt exekutierte noch der von Schirrmacher als Literaturchef der *FAS* eingesetzte Volker Weidermann das Urteil seines Chefs. »Die böse Botschaft der Literatur« war Weidermanns Kritik des *Johann Holtrop* überschrieben. »Es ist ein kaltes, ein schreckliches Buch.«[119]

Es lohnt sich, hier einen Moment zu Henscheid und *Maria Schnee* zurückzukehren. Es ist ja das genaue Gegenstück: ein warmes Buch. Zu weiten Teilen spielt es in einer ärmlichen Kneipe, die Gäste trinken, liefern Kommentare zum Weltenlauf oder dösen vor sich hin, der Wirt hat Gicht, die (vermeintliche) Großmutter ist steinalt und gehört, wie man sagt, zum Mobiliar, dagegen wirkt die Wirtsgattin, das Fräulein Anni, halbwegs agil. »Alle überstudiert!«,[120] ereifert sie sich einmal, um wenig später dem Hermann, der wieder und wieder die Aufstellung des 1. FC Nürnberg in seinem Kopf durchgeht, ein Ei zu schenken, die Limo für 1,10 Mark aber besser gleich abkassiert, sie werde ja immerzu vergesslicher. Im Untertitel nennt sich *Maria Schnee*: Eine Idylle. Es gibt sie nicht mehr. Vor ein paar Jahren wurde Hubmeiers Kneipe, die in Wahrheit Hubmann heißt und nicht in der

Entengasse, sondern in der Löffelgasse liegt, renoviert. Gemütlich ist es dank der Holzvertäfelung immer noch, aber es sitzen keine Trinker da, die tragikomische Reden schwingen, sondern junge Menschen, die gut und doch nicht zu teuer essen und sich dezent unterhalten wollen. Henscheid ist Stammgast geblieben.

Und wenn er auch schon lange nicht mehr für die *FAZ* schreibt, ist die Neue Frankfurter Schule mit den Zeichnern Greser und Lenz bis heute im Blatt präsent. Die Besprechung von *Maria Schnee* übernahm damals Gustav Seibt. Es wurde ein Statement: »Man hat Eckhard Henscheid viel zu lange als Satiriker, bestenfalls als reinen Komiker, schlimmstenfalls als Klamauk-Schriftsteller (…) missverstanden. (…) Das große Thema Henscheids ist, was er in einem Essay zu Eichendorff das ›nicht mehr lebende Leben‹ genannt hat. Führt er als Satiriker das Erstorbene in seiner Absurdität vor, so ist das Erzählwerk der melancholischen und unendlich liebevoll geduldigen Suche nach den Resten des aussterbenden Lebens gewidmet.«[121]

Maria Schnee zeigt, was mit dem neuen Literaturchef eben auch Einzug in die *FAZ* hielt. Henscheid und Stefan George, der ironisch-heitere Wirklichkeitssucher und »Wahrnehmungserotiker« (Seibt) hier und der dunkle Weltenbeherrscher (lyrisch) und Männerbündler dort; das sind die beiden Pole im literarischen Universum von Schirrmacher. Scheinbar unendlich weit voneinander entfernt. Dazwischen Kafka, Paul de Man und natürlich Christa Wolf, die für ihre Erzählung *Was bleibt* erst der Feigheit bezichtigt und verurteilt, dann wieder freigesprochen wurde, als ihre kurze Stasi-Mitarbeit bekannt wurde, davon später mehr. Und von den lebenden Schriftstellern thront über allem der bewunderte Hans Magnus Enzensberger, der umgekehrt von Schirrmacher als Literaturkritiker so viel hält, dass er ihn für eine Geschichte der deutschen Nachkriegsliteratur in seiner neuen *Anderen Bibliothek* gewinnen will – vergebens.[122]

Unter den toten Schriftstellern galt Schirrmachers Bewunderung wiederum Gottfried Benn, den er wie auch viele zeitgenössische Autoren, etwa Ingo Schulze, durch seine damalige Frau Angelika Klüssendorf kennengelernt hat.[123] Ein schönes Kuddelmuddel. Und doch nur das, was man um 1990 so gelesen hat, wenn man in Mitteleuropa Germanistik studierte. Als wir unsere Plauderei über Schirrmacher bei einer Portion Semmelknödel fortführen und ich Henscheid sage, wie erstaunt ich bin, dass Schirrmacher in *10:9 für Stroh* nur eine Nebenrolle spielt, widerspricht er heftig: »Das stimmt überhaupt nicht. Er transportiert den ganzen unseriösen Rahmen. Er ist ja Chef eines unseriösen Instituts. Institut für angewandte Trend- und Kommunikationswissenschaften. Das habe ich wieder von Konstanz nach Baden-Baden verlegt, wo es ja gar keine Uni gibt.« Und dann ist da noch ein Detail: »Es wird ja suggeriert, dass Greif die Prüfung machen soll, damit es für das Institut, also die *FAZ*, besser ausschaut, wenn noch ein Doktor dabei ist. Das war nicht ganz erfunden.«

Nein, das war nicht erfunden.

Als Literaturchef war Schirrmacher erst voller Feuer, aber dann verlor er doch recht bald die Lust. »Jochen Hieber und ich haben den Laden eigentlich alleine geschmissen«, erinnert sich Jens Jessen. »Es gab dann auch die Situation, dass Schirrmacher einen Aufmacher schrieb, nicht wusste, wie der Schluss sein soll, und erklärte: »Ich muss nun zum Friseur. Zwanzig Minuten vor Umbruchschluss. Also mussten wir den Artikel zu Ende schreiben. Wir haben es mit Humor genommen.«[124]

Verrat ohne Verräter

Aber es gab ja nun auch ein neues Ziel. Ende des Jahres 1993 würde Joachim Fest in Pension gehen. Ursprünglich hatte Fest drei Kandidaten für seine Nachfolge ins Auge gefasst: den Historiker Michael Stürmer, den Soziologen Wolf Lepenies und eben an erster Stelle Frank Schirrmacher. Wolf Lepenies soll auf einem Herausgeberessen keinen guten Eindruck gemacht haben, und gegen Michael Stürmer waren die Bedenken des zuständigen Herausgebers für das Ressort Politik, Fritz Ullrich Fack, so massiv, dass auch er nicht infrage kam. Fack befürchtete, Stürmer könnte zu viele politische Leitartikel schreiben.[125] Blieb Frank Schirrmacher, der nun allerdings eben immer noch sehr jung war, nämlich noch nicht einmal fünfunddreißig. Es gelang Joachim Fest, die Vorbehalte bei den anderen Herausgebern so weit zu zerstreuen, dass sie Schirrmacher nicht verhindern wollten. Keiner von ihnen. Das war wichtig, denn ein Beschluss im Herausgebergremium der *FAZ* muss einstimmig gefällt werden. Negativ eingestellt blieb der Geschäftsführer Hans-Wolfgang Pfeifer, der formal keine Entscheidungsbefugnis in dieser Frage hatte, aber die heimliche Macht in der *FAZ* bildete.

Pfeifer wollte Schirrmacher partout nicht, und er galt als harte Nuss. Da brauchte es schon eine kräftige Faust, um sie zu knacken. Die Faust des mächtigsten Mannes im Lande. »Die Frage nach der Herausgeberschaft hat Helmut Kohl interessiert. Helmut Kohl hat Pfeifer umgedreht. Er hat ihn unter einem Vorwand zu einem Gespräch eingeladen und über die Medienlage gesprochen, da ging es dann auch um so Geschichten wie *FAZ*-Beteiligungen beim Privatfernsehen. Kohl war immer gut informiert, was in der *FAZ* lief«, erinnert sich Hugo Müller-Vogg, der von 1988 bis 2001 der für den Regionalteil und die Sonntagszeitung zuständige Herausgeber der *FAZ* war.[126] Kohl wusste, für wen er sich einsetzte. Er hatte Schirrmacher schon einige Jahre protegiert. Der alerte junge Mann war ihm von Wolfgang Bergsdorf vorgestellt worden, der die Abteilung Inland im Presseamt der Bundesregierung leitete. Schirrmacher und Bergsdorf hatten sich auf einer Branchenveranstaltung kennengelernt. Bergsdorf spürte bei Schirrmacher bald ein Interesse an Kohl, das weit über das Übliche im Bonner Journalistenbetrieb hinausging und den Wunsch mächtig werden ließ, dem Kanzler vorgestellt zu werden, was dann auch geschah.[127] Umgekehrt ließ Schirrmacher den habilitierten Kommunikationswissenschaftler Bergsdorf in der begehrten Tiefdruckbeilage *Bilder und Zeiten* publizieren; ein frühes Beispiel für das imponierende Networking von Schirrmacher.

Die *FAZ* war zwar Kohls Lieblingszeitung, aber anders, als man vielleicht annehmen würde, war es keine bedingungslose Liebe. Während er zum Wirtschaftsteil auf Distanz ging, weil dort gegen den Euro polemisiert wurde, gefiel dem promovierten Historiker das Feuilleton gut. Und es dürfte Kohl im weiteren Verlauf seiner langen Kanzlerschaft gefallen haben, dass sich mit Schirrmacher wenigstens ein bürgerlicher Intellektueller nicht am Spott über ihn beteiligte. Der Kohlsche Provinzialismus, den Karl Heinz

Bohrer in ätzenden Kolumnen für den *Merkur* beschrieb, kümmerte Schirrmacher offenkundig nicht. Vermutlich identifizierte er sich mit einigen Unförmigkeiten sogar. Zugespitzt gesagt: Kohl war ein Intellektueller, der als sein Gegenteil wahrgenommen wurde. Er musste in einer Gesellschaft nicht glänzen, um sie zu beherrschen. Das dürfte Schirrmacher, der auf dem gesellschaftlichen Parkett wenig sicher wirkte und etwa von Wein keine Ahnung hatte – Hauptsache, er war teuer, wie es überhaupt immer das Teuerste sein musste[128] –, imponiert haben. Und natürlich hat ihn Kohls Energie fasziniert. Im Gegensatz zu Bohrer nahm er das Unintellektuelle an Kohl eben nicht als biedere »Dominanz einer mittleren Mittelklasse« (Bohrer) wahr,[129] nicht als Horror der Gemütlichkeit, sondern als Vitalität, als Naturkraft. »Schirrmacher war fasziniert von der Macht, das ist klar. Aber vor allem auch von dieser Überlebenskraft, auch im Physischen. Das Faktum der Langlebigkeit, der Vergänglichkeit zu trotzen, das fesselte ihn allgemein. Zumal wenn es sich in einer imposanten Erscheinung zeigt, ob das nun Ernst Jünger war oder der elefantöse Helmut Kohl«, urteilt Patrick Bahners,[130] der 1998 den Essay *Im Mantel der Geschichte. Kohl und die Unersetzlichkeit* veröffentlicht hat.

Wolfgang Bergsdorf war es dann auch, der Schirrmacher eine Einladung zum Abendessen in den Kanzlerbungalow verschaffte, nicht lange nachdem sie sich kennengelernt hatten. Damals wurde er von Jens Jessen begleitet. Als Schirrmacher nun Herausgeber werden wollte, kam es zu einer weiteren Einladung, dieses Mal ging Gustav Seibt mit. Das Essen begann um 20.30 Uhr in den Privatgemächern des Bundeskanzlers. Man saß an einem ovalen Tisch. Links von Kohl saß Schirrmacher, rechts Seibt, ihnen gegenüber Kohls

Büroleiterin Juliane Weber. Auch der Rest des Küchenkabinetts war da – Joseph Ackermann und Wolfgang Bergsdorf, der am nächsten Tag früh zum Dienst musste und stoisch ertrug, wie Kohl seine beiden komplementären Züge – den beeindruckenden Willen, der Vergänglichkeit zu trotzen, und eine enervierende Gemütlichkeit – vereinte und redete und redete und Geschichten aus seiner Heidelberger Zeit auftischte. Wie er Apfelbrei gegessen und die Apfelbreibüchsen in den Neckar geschmissen hat. Wie er die junge Union aufgemischt hat. Tausendmal gehörte Geschichten. Dazwischen stellte Kohl knochentrockene Fragen. Was machen wir mit dem Wissenschaftskolleg, die kriegen doch auch Geld von uns? Wer leitet das, der Lepenies, ach so, das ist doch auch so ein Linker. Von Schirrmacher wollte Kohl wissen, wie man bei der *FAZ* zur Reichstagsverhüllung stand, die er grässlich fand, und er wollte wissen, welche Meinung man zur Wiedervereinigung der beiden Akademien hatte, die er ablehnte.

Dabei kam es zu einem Zwischenfall. Gustav Seibt verfiel ob des nicht enden wollenden Geredes in eine Starre, die Kohl als feindselig wahrnahm. Er beugte sich nach rechts und sagte: »Herr Seibt, jetzt gucke se mal ned so vornehm, mir sind keine vornehme Leut.« Da nun aber Seibt der Freund von Schirrmacher war, schien nun auch der in ein ungünstiges Licht gestellt: Wie konnte er nur so einen blasierten Schnösel mitbringen! Es brauchte Schirrmachers ganze Geistesgegenwart, damit seine Karriere nicht vorschnell endete. »Nein, nein, der Seibt, der gehört zu uns, denn es ist ja der Neffe von Schäffer.« Friedrich Schäffer, deutscher Finanzminister, Mitbegründer der CSU und KZ-Häftling, war eine bewunderte Gestalt und wichtige Bezugsfigur für die alten CDU-Leute. Schirrmacher konnte seine Karriere fortsetzen. Später wird Schirrmacher Herlinde Koelbl zu Protokoll geben, dass er Helmut Kohl für sein »großes Gefahrenbewusstsein« bewundere, und maliziös hinzufügen, dass dies für »alle gelte, die relativ rasch Karriere gemacht haben«.[131]

Aber Gefahr drohte nun auch von seinem Mentor. Ein einzelnes Ereignis ist nicht bekannt, das Joachim Fest auf Distanz zu Schirrmacher gehen ließ. Es war wohl eher so, dass Fest zunehmend eine Diskrepanz zwischen journalistischem Talent (enorm) und Verhalten (teilweise kindisch) wahrnahm, zumal Schirrmacher zwar immer noch jung, aber eben auch keine zwanzig mehr war. Die Diskrepanzen blieben der Redaktion nicht verborgen. Redaktionen sind nicht zuletzt Schulen der Lästerei, und Feuilletonredaktionen sind es ganz besonders, man darf sich darüber keine Illusionen machen. Die Obsession für den Nationalsozialismus, die Schirrmacher mit Fest teilte, hatte schon zu einigem Spott geführt, nun aber hieß es in kaum zu überbietender Boshaftigkeit: »Ob Hindenburg schon bedauert?«[132]

Ja, Fest alias Hindenburg bedauerte, aber er machte einen schweren strategischen Fehler. Er teilte seine Bedenken Johann Georg Reißmüller mit, dem zuständigen Herausgeber Politik, der mit seinen Informationen zu Schirrmacher ging, worauf der nun endgültig wusste, woran er bei Fest war.[133]

Fortan stänkerte Schirrmacher hinter dem Rücken von Fest, wo er konnte, und Fest versuchte Schirrmacher zu verhindern, was ihm nicht gelang. Es war Marcel Reich-Ranicki, der das Gerücht streute, Michael Naumann sei nun der gewünschte Nachfolger, worauf Schirrmacher unter dem Vorwand, er »wolle quatschen«, regelmäßig bei dem damaligen Rowohlt-Verleger anrief.[134] Schirrmachers Sorgen waren allerdings unbegründet, Naumann wollte gar nicht vom Verlegerposten auf den Herausgebersitz wechseln. Eiligst wurde noch ein Kandidat aufgefahren, aber der fiel durch.[135] Zugespitzt könnte man sagen, dass Schirrmacher Herausgeber wurde, *weil* Fest, der unbeliebte, ihn verhindern wollte.

Am 1. Januar 1995 wurde Schirrmacher der neue Chef. Er rief zum letzten Mal von sich aus bei Michael Naumann in Reinbek an – »Ich wollte nur sagen, dass ich Herausgeber der *FAZ* geworden bin«[136] – und bildete fortan mit Günther Nonnenmacher, Johann Georg Reißmüller, Jürgen Jeske, Hugo Müller-Vogg die Führung der Zeitung. Sein Vorgänger Fest wollte ein Büro in der Redaktion behalten, wie Marcel Reich-Ranicki gab man ihm eins im gegenüberliegenden Rüttgers-Haus, das Fest selten benutzte.[137] Auch der einst mächtige Fest fand sich nun also im Vorraum der Macht wieder, und er hat aus diesem heraus versucht, gegen Schirrmacher zu agieren. Das Verhältnis blieb bis kurz vor Fests Tod im September 2006 belastet. Dann sollten sich die beiden doch noch versöhnen, es war Joachim Fests großer Wunsch.[138]

Publizistisch verlaufen die ersten Monate der Amtszeit Schirrmachers unspektakulär. Im Februar veröffentlicht er seinen ersten Artikel als Herausgeber, über Hitlers Hausfotografen Heinrich Hoffmann. Es folgen Beiträge über die Kulturpolitik der PDS, die Verhüllung des Reichstags, Schindlers Liste, den Alterspräsidenten Stefan Heym und den Abdruck eines neuen Werks des hundertjährigen Ernst Jünger sowie einiges mehr.

Und in der Redaktion? Da geht Schirrmacher erst einmal nach dem Handbuch »Was muss ein neuer Chef tun?« und feuert einen in der Redaktion unbeliebten Mitarbeiter. Die Begründung ist in solchen Fällen oft vorgeschoben. In diesem Fall erwischt es einen Mitarbeiter, den die *FAZ* aus dem diplomatischen Dienst weggekauft hatte und der ebenfalls im Gespräch als Nachfolger von Fest gewesen sein soll. Der Mitarbeiter hatte sich erdreistet, einen Artikel, der in der *FAZ* nicht erschienen war, im *Tagesspiegel* zu veröffentlichen.[139]

Das war nicht fein, denn die *FAZ* und der *Tagesspiegel* sind überregionale Zeitungen, also Konkurrenten. Allerdings klagt er gegen seine Kündigung, und er hat gute Trümpfe in der Hand. Er ist nämlich nicht der Einzige aus den Reihen der *FAZ*, der für den *Tagesspiegel* schreibt. Hans Barbier, der mit der ehemaligen *FAZ*-Redakteurin und damaligen Chefredakteurin des *Tagesspiegel* Monika Zimmermann liiert ist, hat nicht nur einen Artikel geschrieben, er schreibt sogar regelmäßig eine Kolumne im *Tagesspiegel*. Bisher störte das niemanden. Diese Kolumnen bereitet der Anwalt des Mitarbeiters nun genüsslich vor dem Richter aus, der sich daraufhin beschwert, mit was für Kinderkram er seine Zeit verschwenden muss.

Der Mitarbeiter lehnte aber alle Vergleichsangebote ab, und die Sache kam die *FAZ* sehr teuer zu stehen. Während Schirrmacher die Entlassung noch groß verkündigt hatte, blieb es nun merkwürdig ruhig in dieser Sache. Unterbrochen wurde die Stille nur von gelegentlichen Nachfragen des Zuständigen für die Geisteswissenschaftsseite, Henning Ritter, »Herr Schirrmacher« möge doch einen »Zwischenstand in Sachen T.« geben, was das belastete Verhältnis der beiden zusätzlich verschlimmert. Schirrmacher kann Ritter, der das Leben eines Bohemiens führt und schon mal nach einer durchzechten Nacht seinen Dienst antrat, buchstäblich nicht mehr riechen.

Aber Schirrmacher reibt sich natürlich nicht nur in Kleinkriegen auf der informalen Ebene der Organisation auf, auf der formalen gibt es auch kluge Neuerungen.[140] So führt er eine tägliche Presseschau ein. Die Redakteure müssen die wichtigsten internationalen Zeitungen lesen und auf der Konferenz referieren, auch die nationale Konkurrenz wird beobachtet, und täglich wird die eigene Zeitung vom Vortag diskutiert. Das geschieht meist in Form eines Donnerwetters, was die einen anspornt, andere allerdings verbittert, zumal die Konferenz so noch länger dauert. Und dann hallt da auch noch andauernd der Gong von Anneliese Ruppel durch den Korridor, und man muss antraben, weil der Chef wieder mal eine Idee hat und keine Rücksicht darauf nimmt, dass man gerade selbst an einer wichtigen Sache arbeitet.

Schließlich ist da die wöchentliche Sitzung am Montagabend, die um 17 Uhr stattfindet und bei Fest meist um 19 Uhr zu Ende war, beim neuen Chef aber nicht selten bis in die Puppen geht. (Es war die Zeit, als es noch Ladenschluss gab, und Menschen durch solche Aktionen empfindlich in ihrer Lebensführung gestört werden konnten.)

Schirrmacher will vieles auf einmal, stößt an und wieder um. Was man physikalisch als reine Energie bezeichnen kann, heißt organisationssoziologisch fehlende Routinen. Schirrmacher gelingt es nicht, Vertrauen aufzubauen. »Man konnte sich auf ihn einfach nicht verlassen«,[141] erinnert sich einer der Redakteure. Alles in allem: Es ist etwas los, Aufbruchstimmung eben. Aber es ist so viel los, dass die Stimmung innerhalb dieser Mischung aus Jugendgang, WG-Zimmer und George-Kreis zunehmend getrübt wird.

Publizistisch geht es dagegen auch zu Beginn des zweiten Jahres als Herausgeber ruhig zu. Schirrmacher nimmt sich die historisch-kritische Kafka-Ausgabe vor, die bei Stroemfeld erschienen ist. Am 6. Februar 1995 erscheint sein Nachruf auf Patricia Highsmith, der von guter Kenntnis ihrer Werke und einer Faszination für das Abgründige zeugt, und am 24. März kommen die Leser des Feuilletons der *FAZ* in den Genuss einer Glosse, die die Erblasten aus der »Welt von Gestern« für den Aufbau eines neuen Europas bilanzieren.

Die Glosse wirkt etwas fahrig. Im Nachhinein mag man das auf den Umstand zurückführen, dass sich das anhaltende Grummeln und Murren in der Redaktion in einem lauten Schrei entladen sollte. An diesem 24. März wird Schirrmacher nämlich von Gustav Seibt ein Brief seiner Redakteure überreicht. Die elf Unterzeichner, unter ihnen der neue Literaturchef Seibt selbst, aber auch Henning Ritter und der für Kunst zuständige Eduard Beaucamp, der für Wissenschaft verantwortliche Konrad Adam, Thomas Steinfeld, Paul Ingendaay aus der Literaturredaktion sowie der für Sachbücher zuständige Jan Roß,[142] beklagen sich über eine massive Verschlechterung des Arbeitsklimas. Die Redaktion sei ein Ort, »den man morgens mit Beklemmung betritt und abends erleichtert verlässt«. Die Qualität der Zeitung sei dadurch bedroht. Es sind nur wenige Zeilen, aber Seibt hat keine Zeit, sie und sich zu erklären, es ist ein Freitag, er will nach München, zu seinen Eltern.[143] Und weg ist er.

Aber da ist ja noch Henning Ritter, Schirrmacher zitiert ihn in sein Büro. Auch Ritter will zum Bahnhof. Er könne ja wohl einen späteren Zug nehmen, wird er angeherrscht. Und Schirrmacher legt los. Ihm, Ritter, sei ja wohl klar, was das bedeute, es gebe in der Zeitung nur eine Sache, die absolut unzulässig sei: »Zusammenrottungen«. Zweifellos hatte sich eine Clique gebildet, und zwar, wie Niklas Luhmann sagen würde, um das »Bedürfnis nach Ausdruck von Unzufriedenheit« zu befriedigen.[144] Das ist eine Sache, über die man reden könnte, aber Schirrmacher macht einen schweren Fehler, er deutet die »unzufriedene Clique« (Luhmann) in eine massive Verschwörung gegen ihn um. Und er droht mit »größten Konsequenzen«, unterlässt es aber zu präzisieren, was er darunter versteht.

Schirrmacher verhält sich wie ein Vater, der seinem Kind mit allerschwersten Folgen droht, die nicht näher benannt werden können, weil die Einweisung in ein Kinderheim keine ernsthafte Option ist. Ritter wiederum verhält sich wie das Kind und reizt erst mal den Vater aufs Blut. Er kommt noch einmal auf den Fall des gefeuerten Mitarbeiters zu sprechen, was Schirrmacher vollends in Rage bringt. Er solle doch einfach den Brief lesen, da stehe nichts von Zusammenrottungen, erwidert Ritter, der seine Fassung wiedergewonnen hat und auf Sachlichkeit pocht.

Und nun geschieht etwas Merkwürdiges. Die Stimmung ändert sich, Schirrmacher wird weicher, fragt Ritter um Rat. Allein, Ritter kann und will keinen geben. Später erklärte sich Ritter den Stimmungswandel durch ein verstecktes Motiv: »Der eigentliche Übergang dorthin war aber ein ganz anderer. Joachim Fest hatte mir vor ein paar Tagen erzählt, dass Schi.s Lügen so weit gingen, daß er seinem Sohn eine Meningitiserkrankung angedichtet hätte. Ich habe Fest daraufhin eine merkwürdige, auch faszinierende Geschichte erzählt, die Sch. mir einmal vorgespielt hatte. Er sei als Baby in Abessinien oder in Äthiopien entführt worden und habe bis zu seinem Freikauf unter den Augen von Männern gelebt, die bereit gewesen seien, ihn zu töten und deren Blicke in all den Tagen auf ihm ruhten. Mir hatte diese Geschichte, die von vornherein als erfunden erkennbar gewesen war, immer gut gefallen, weil sie als Lüge umgekehrt funktionierte wie eine Lüge: Sie verstellte nicht den Zugang zum Kern der Person, sondern als erfundene gab sie den Schlüssel zu ihr preis – den unter eingebildeten Bedrohungen gewachsenen Willen zur Überlegenheit.«[145]

Ich zitiere hier aus Aufzeichnungen, die Henning Ritter am Abend des 24. März 1995 gemacht hat. Ich zitiere nicht alles. Ritter hatte Schirrmacher das Versprechen gegeben, dass er den Inhalt des Gesprächs für sich behält. Kopien der Aufzeichnungen kursierten unter den Redakteuren. Sie lasen ein großartiges Stück Literatur eines großartigen Stilisten, ein Stück Literatur nicht nur über Schirrmacher, der hier ein weiteres Mal als literarische Figur kenntlich wird, sondern über das Spiel der Macht. Wie der Überlegene plötzlich schwach wird und der Schwächere der wahre Überlegene, weil er verspricht, die Schwäche des anderen nicht auszunutzen. Man könnte das Drohung durch Humanismus nennen oder auch: von der hohen Kunst, in der Todfeindschaft einem Freund zum Verwechseln ähnlich zu werden.

Tags darauf fährt Schirrmacher nach Berlin, wo seine damalige Lebensgefährtin und spätere erste Ehefrau Angelika Klüssendorf wohnt. In Berlin ruft er seinen Berlin-Korrespondenten Jens Jessen an, ob er nicht vorbeikommen könne.[146] Jessen ist mit den Unterzeichnern befreundet, aber er hat auch keine Schwierigkeiten mit Schirrmacher, er fährt zu ihm. Es ist schon spät, Schirrmacher öffnet im Schlafanzug. Anders als Ritter verweigert Jessen ihm den Rat nicht. Der Brief enthalte doch viele Beschwörungen einer künftigen guten Zusammenarbeit. Das solle er ernst nehmen. Und einfach gewisse Dinge nicht mehr tun. Schirrmacher will sich daran halten.

Aber das Misstrauen bleibt. Dass sich Schirrmachers enorme Energie eingebildeten Bedrohungen verdankte, hatte Ritter zur Kernaussage seiner Erzählung über die Macht gemacht. Aber waren diese Bedrohungen wirklich immer nur »eingebildet«? Gab es die von Schirrmacher gefürchteten »Zusammenrottungen« denn nicht tatsächlich? Saß nicht doch hinter jeder geschlossenen Tür ein Verräter? Schwer zu sagen. Dass die Stimmung feindlich war, hatte er schon richtig erkannt. Wem konnte er noch vertrauen? Keinem? Das war es, was ihn beschäftigte. Gut möglich, dass das bis zu seinem Tod gültige Verbot, in den Sitzungen in seinem Rücken zu sitzen, aus dieser Erfahrung rührt. Zwar saß der Herausgeber bei den Konferenzen in seinem Zimmer am Fenster. Aber hinter ihm war noch Platz, und wenn einer sich dorthin setzen wollte, musste er sich umsetzen. »Ich muss Sie sehen«, pflegte er zu sagen.[147] Bei den täglichen Konferenzen im Zimmer des Feuilletonchefs hatte Schirrmacher einen festen Stuhl in der Nähe des Chefs, der bis Ende 1996 Wilfried Wiegand hieß. Der Stuhl musste frei bleiben, wenn Schirrmacher nicht da war.[148] Ein Herrschaftszeichen, das auch in *Umbruch* festgehalten wird, einem Roman, den der *FAZ*-Theaterredakteur Gerhard Stadelmaier 2016 veröffentlicht hat. »Analog zum Bischofs-Thron in einer Kathedrale«, kommentiert der Erzähler den leeren Stuhl in einer schlüsselromanhaften Szene aus dem Innenleben der »Staatszeitung«.[149]

Gegen Ende des Jahres 1995 schreibt Schirrmacher einen Artikel über Stefan George. »Wie alle Herrscher hatte er eine Witterung für den Verrat«, heißt es da. Wieder einmal scheint Schirrmacher über sich zu sprechen, wenn er über einen Dichter spricht. Und wieder einmal scheint er eine geheime Botschaft an seine Redakteure zu senden. Diesmal: Ich habe euch durchschaut, und ich bin mir im Klaren über unsere Beziehung. »Viele, die Stefan George begegneten, bekamen es mit der Angst zu tun.«[150]

Woher kommt diese Angst? Warum wirkte George einschüchternd? Nun, eben weil er niemandem vertrauen konnte, erst recht nicht seinen engsten Jüngern. Nahbeziehungen, die nicht auf gewachsenem Vertrauen basieren, sondern auf charismatischer Hörigkeit, sind anfällig für katastrophale Verlaufsformen. Das hatte der Soziologe Stefan Breuer in seiner Studie über den George-Kreis herausgearbeitet, die den formalen Anlass zu Schirrmachers Artikel bildet. *Ästhetischer Fundamentalismus* heißt sie, ein starker Begriff, der Schirrmacher aber nicht zu fesseln schien.

Wichtiger ist ihm, Breuers Korrekturen am klischeehaften Bild Georges herauszustellen. Breuer fand es zu simpel, dass George nur Täter und seine Schüler und Jünger nur Opfer gewesen sein sollen. Vielmehr arbeitet er ein gegenseitiges Abhängigkeitsverhältnis heraus, bei allerdings massivem Machtgefälle. Es ist kein Zufall, dass Schirrmacher folgende längere Passage aus der Studie zitiert: »Es wäre deshalb falsch, in (George) nur den Despoten zu sehen, der mit hypnotischer Gewalt die Seelen in seine Abhängigkeit zwänge. Wie der Meister seine Schüler braucht, so brauchen umgekehrt sie ihn – mit der freilich nicht unwesentlichen Nuance, dass sie ihn ständig brauchen, während er seine Objekte nur zeitweise benötigt und leicht austauschen kann.«[151] Das konnte man als Kündigungsdrohung lesen oder wenigstens als Mahnung, dass keiner bei der *FAZ* unersetzlich sei. Dabei stand das große Zerwürfnis im November 1995 noch aus.

Als Nächstes schrieb Schirrmacher eine liebevolle Hommage an Woody Allen, der am 1. Dezember sechzig wurde.

Es ist eine trügerische Ruhe. Denn beim *Spiegel* schlummert ein Dossier über Schirrmacher. Erstellt hat es der Kultur- und Medienwissenschaftler Rembert Hüser.[152] Hüser hatte sich in einem Beitrag für die Zeitschrift *kulturRevolution* schon sehr früh kritisch mit Schirrmacher beschäftigt, es war vermutlich zugleich die erste Hausarbeit, die über Schirrmacher geschrieben wurde. Hüser beobachtete dessen Wirken als neuer Literaturchef der *FAZ* und analysierte es im Stil der Diskursanalyse. Eine kürzere Fassung des Artikels erschien auch in der *taz*. Und Hüser blieb dran. Er hatte gehört, dass Schirrmacher in Siegen promoviert hatte, an der Reformuni, im ersten Graduiertenkolleg von Hans Ulrich Gumbrecht, über das Schirrmacher in der *FAZ* davor auffällig positiv berichtet hatte.[153] Irgendetwas schien Hüser faul. Auch eine Diskursanalyse wäre eben nichts ohne eine Hermeneutik des Verdachts: Hüser ließ sich die Dissertation kommen und stellte fest, dass sie – wie wir wissen – praktisch identisch war mit einem Buch von Schirrmacher, aber jeder Hinweis auf dieses Buch in der Dissertation fehlte. Hüser wollte allerdings nicht schon wieder über Schirrmacher schreiben. Er steckte sein Material in einen Umschlag und gab es einem Freund, der es an den *Spiegel* schickte. Dort fand man das Material sehr interessant. Für das Dossier gab es ein Autorenhonorar.

Der *Spiegel*-Artikel *Überflieger im Abwind* erschien am 13. Mai 1996 und versuchte Schirrmacher in der Öffentlichkeit als den Schummetpeter bloßzustellen, der er bei Henscheid ist. Der Hauptteil des mehrere Seiten langen Stücks besteht darin, die Promotion zu skandalisieren. »Die Befürchtung, ausgerechnet Schirrmacher, der erklärte Hüter wissenschaftlicher Standards, habe es bei seiner Promotion nicht so genau genommen, kursiert schon seit längerem in der Redaktion und beschäftigt auch die anderen Herausgeber«, informierte das Nachrichtenmagazin seine Leser.[154]

Unterstützt wird der Nachweis fehlender Seriosität beim *FAZ*-Herausgeber durch die Aufzählung einiger seiner »Flunkereien«. Dass Schirrmacher diese Geschichten erzählt haben könnte, um den Leuten eine Nase zu drehen, wird nicht erwogen. Ein Schelmenstück zu erzählen lag nicht im Interesse des Magazins. Vielmehr soll Schirrmacher in die Nähe eines Hochstaplers gerückt werden, ohne dass man ihn direkt so nennen würde, denn das hätte möglicherweise juristische Konsequenzen gehabt. Also war die Rede von »Fehlleistungen«. Das klang hinreichend hämisch und blieb zugleich unverfänglich genug. Allerdings blieb bei diesem Manöver auch die Logik auf der Strecke: »Einige Fehlleistungen folgen allerdings auch klarem Kalkül.«

Schirrmacher kommt nicht gut weg in diesem Artikel. Aber obwohl er später große Anstrengungen unternommen hat, dass sein Bild in der Öffentlichkeit ohne gravierende Eintrübungen blieb, steht ausgerechnet dieser Artikel bis heute frei im Netz. Er steht ohne Nennung des Autors dort. Das war zum Zeitpunkt seiner Veröffentlichung gängige Praxis des Nachrichtenmagazins; die individuelle Handschrift sollte hinter der Nachricht und dem Stil verschwinden. Durch einen Zufall kam ich aber doch auf den Namen des Verfassers, als ich in einem Online-Archiv recherchierte: Jan Fleischhauer. Fleischhauer, der Kolumnist und Freund Schirrmachers? Wie das? Hatte ich in seinem Nachruf etwas überlesen? Fleischhauer, der in seinen *Spiegel*-Kolumnen immer wieder einen feinen Sinn für die Verlogenheiten der Branche zeigt, sprach schließlich in seinem Nachruf eine bittere Wahrheit aus: »Man wird in den kommenden Tagen über Schirrmacher nur Gutes hören, aber in Wahrheit hatte er eine enorme Zahl von Gegnern, die sich über ihn bei jeder Gelegenheit das Maul zerrissen.«[155] Aber Fleischhauer hat eben nicht nur einen feinen Sinn für Verlogenheiten, der Vollprofi hat auch ein gutes Gespür, wie weit er mit einer Provokation gehen kann, ohne Schaden zu nehmen. Ich hatte nichts überlesen.

Später will es keiner gewesen sein. Warum auch? Die Fäden der Handlung liefen wie von selbst zusammen. Da ist Fleischhauer, der auf der Grundlage des Dossiers von Hüser den Artikel recherchiert und schreibt. Er arbeitet im Ressort Politik, Deutschland 2. Der Artikel erscheint aber im Ressort Kultur, das von Mathias Schreiber geleitet wird, der die *FAZ* und Schirrmacher im Streit verlassen hat und also unbedingt will, dass der Artikel erscheint. Da ist der Chefredakteur, Stefan Aust, der nicht so recht will, dass dieser Artikel erscheint, weil er mit Schirrmacher befreundet ist, aber auch, weil er die Sache nicht so bösartig sieht, könnte ja sein, dass Schirrmacher auch mal nur einen Witz gemacht hat.[156] Aber da ist eben auch der Chef der Chefs, der Gründer und Herausgeber des *Spiegel*, Rudolf Augstein, der sehr wohl will, dass der Artikel erscheint, vielleicht auch, weil sein Freund Joachim Fest unbedingt will, dass er erscheint. »Herr Fleischhauer, das Schwert der Guillotine darf nicht zu kurz sein!«, fordert Rudolf Augstein.[157] Und da sind die Rebellen aus der *FAZ*-Redaktion, die mit Fleischhauer sprechen, weil sie schon auch wollen, dass der Artikel erscheint, denen aber nicht ganz geheuer ist, mit dem *Spiegel* zu kooperieren. Zumal ihnen eben doch nicht ganz klar ist, was sie wirklich wollen: Schirrmacher zur Vernunft bringen oder ihn weghaben. Und dann sind da die interessanten Nebenfiguren: neben Rembert Hüser die drei Professoren, die Schirrmachers Doktorarbeit begutachtet haben; einer davon wird sein Gutachten Fleischhauer zuspielen, und einer wird Schirrmacher warnen, nachdem Fleischhauer mit ihm gesprochen hat. Und da ist die damalige Frau von Jan Fleischhauer, Annette Kusche, die, es klingt fast zu schön, um wahr zu sein, im Verlag von Alexander Fest arbeitet, dem Sohn von Joachim Fest.

Und da ist schließlich Schirrmacher selbst. Fleischhauer ruft ihn an. »Ich wollte mich mit ihm treffen, das hat er abgelehnt, er war aufgeregt, das Gespräch war relativ kurz. Ich habe ihm, glaube ich, die Fragen geschickt. Vielleicht auch gefaxt. Das normale Verfahren beim *Spiegel* damals war ja: ›Aus zuverlässiger Quelle haben wir erfahren, trifft es zu, dass … Wir bitten um Beantwortung der Fragen bis Donnerstag, 12 Uhr … Sie haben jetzt also noch vier Stunden Zeit‹. Bewährtes Verfahren bei Politikern und Leuten aus der Wirtschaft, denen man Verfehlungen vorhielt. Schirrmacher hat es vorgezogen, sich zu den Vorwürfen nicht zu äußern. Auch damit konnte ich leben. Entscheidend war, dass wir unserer Sorgfaltspflicht nachgekommen waren«, erinnert sich Jan Fleischhauer, der bereit war, mit mir über die Sache zu sprechen.

Knapp zehn Jahre später, auf einer Party, die der *Spiegel* anlässlich des Kanzlerduells Merkel gegen Schröder in seinem Hauptstadtbüro gibt,[158] wird sich Fleischhauer bei Schirrmacher vorstellen und als Autor der Geschichte outen. »O Gott, o Gott, Sie sind das.« Schirrmacher wird Fleischhauer sagen, dass ihn die Sache wahnsinnig misstrauisch gemacht habe. Diese Geschichten, die man auch im Joke gesagt habe, würden mit einer Boshaftigkeit aufgegriffen, meinte er.

Zu dieser Boshaftigkeit trug bei, dass der Zeitpunkt der Veröffentlichung des Artikels mit Bedacht gewählt worden war. Der 13. Mai 1996 lag nur drei Tage vor dem jährlichen Treffen der *FAZ*-Feuilletonisten und -Korrespondenten in Assmannshausen. Das erfuhren auch die Leser des Artikels, und es wurde ihnen vor Augen geführt, was das von ihnen Gelesene – aufregend!, aufregend! – auslösen wird:

»Am Mittwoch dieser Woche sonnt sich der wortmächtige Frankfurter ›Kindkaiser‹ (*Süddeutsche Zeitung*) mit dem weichen Primanergesicht im Kreise seiner Untergebenen: Beim Abendessen in der ›Krone‹ in Assmannshausen am Rhein wird er Programmatisches vortragen, auf jenem alljährlich veranstalteten Treffen der *FAZ*-Feuilletonisten, zu dem auch die meisten der dem Ressort zugeordneten Auslandskorrespondenten anreisen. Das gesellige Beisammensein der einflussreichen deutschen Feuilletontruppe dürfte auch diesmal kaum von jener theorieschweren Nobilität geprägt werden, deren sich das Blatt für kluge Köpfe am liebsten selbst bezichtigt. Schon beim letzten Treffen gab es handfesten Krach, der weniger von theoretischen Kontroversen ausgelöst wurde als vom harschen Führungsstil Schirrmachers – er war damals gerade ein Jahr im Amt.«[159]

Assmannshausen also. Der Name könnte aus einem Stück von Thomas Bernhard stammen. In der Krone. In der Krone in Assmannshausen!, hört man Minetti ausrufen. In der Schirrmacher-Mythologie spielt diese Rotweingemeinde am Rhein eine herausgehobene Rolle. Drei Tage nachdem der *Spiegel*-Artikel erschienen ist, sollen dort Nägel mit Köpfen gemacht werden. Man fährt also mit Hoffnungen (Redakteure) und Ängsten (Redakteure, Schirrmacher) vom Main an den Rhein. Gesprächsstoff auf der Fahrt ist die *taz* vom Mittwoch jener Woche. In einem glänzenden Beitrag nimmt Jörg Lau die »Enthüllungen« des *Spiegel*-Artikels zum Anlass, um die tiefere Problematik des Falls zu skizzieren und ihn seiner moralischen Gewissheiten zu berauben. Lau will den Punkt fixieren, an dem »die Kritik der Scheinheiligkeit selbst in Scheinheiligkeit umzuschlagen droht«.[160] Sicher, Schirrmacher war in seiner Promotion mit dem »akademischen Comment lax« umgegangen, aber belegt das nicht Adornos Einsicht, dass Halbbildung aus systemischen Gründen im akademischen Betrieb der Bundesrepublik das Schicksal »auch der Besten ist«? Und gewiss, Schirrmacher erzählte die verrücktesten Geschichten über seine Person und seine Herkunft. Aber worin liegt eigentlich das Skandalon, wenn einer behauptet, er sei – statt in einem Reihenhaus – in einer hochherrschaftlichen Villa aufgewachsen oder er habe in Äthiopien als Entführungsopfer unter Menschenfressern gelebt? Musste man nicht das wohlfeile moralische Urteil durch triftige ästhetische Einwände suspendieren?

»Wer den *Spiegel* gelesen hat, dem wird schlagartig klar, ›welch hochliterarischer Stoff hier vor aller Augen lag‹«, schreibt ein faszinierter Lau und zitiert Schirrmacher selbst, der das über Martin Walsers *Finks Krieg* geschrieben hat. Schließlich deutet Lau Schirrmachers Abrechnung mit Paul de Man als Abwehr einer im Grunde sympathisierenden Haltung zum Dekonstruktivismus. Die »Autobiographie als Maskenspiel«, der Paul de Man in einem Aufsatz das Wort geredet hatte, scheint Schirrmacher ja alles andere als fremd. »Wir tun gut daran, uns nicht als Polizisten und Richter über Frank Schirrmacher aufzuschwingen«, wünscht Lau. »Man kann es auch so sehen: wer so inbrünstig wie unsereiner die Phantasie an die Macht wünscht, darf sich nicht wundern, wenn sie dabei seltsame Wege nimmt.«

Trotz dieser dialektischen Ehrenrettung durch die *taz* bleibt Schirrmacher an diesem Mittwoch in heller Aufregung (umso mehr, als auch für Lau fraglich ist, ob die Feuilletonredaktion noch hinter ihrem Chef steht). Er raucht viel und nimmt zur Beruhigung Pülverchen mit der Aufschrift »Take it easy«.[161] Und nicht nur telefonierte er unentwegt mit seiner Frau, er soll auch »fieberhaft per Taschentelefon (…) Kurznachrichten« versendet haben.[162] So erinnert es jedenfalls Ulrich Raulff in einer Preziose, die in der *Zeitschrift für Ideengeschichte* unter dem Titel *Kaiser, Kind und Krone* erschienen ist. Raulffs Erinnerung wird von anderen Zeitzeugen nicht geteilt, erhärtet aber Schirrmachers Ruf als *early adapter*, denn der SMS-Dienst steckt 1996 noch in den Kinderschuhen.[163]

Hier die Chronologie jenes legendären Mittwochs in Assmanshausen, nach bestem Wissen und Gewissen aus den verfügbaren Quellen zusammengetragen:

Am späten Nachmittag begibt man sich auf einen Ausflug, der zum Niederwalddenkmal oberhalb von Rüdesheim führt. Auf dem Weg dorthin scheißt eine Taube auf die Schulter des Herausgebers, der Schiss sei zwar sogleich von einem besonders eilfertigen Untertan weggewischt worden,[164] allein, man kann sich vorstellen, in welcher Mischung aus Scham und Spott die Beteiligten das Geschehen kommentieren. Aber – so Raulff poetisch – das »spottlustige Gelächter der versammelten Redakteure verstummte, als den historisch und mythologisch Gebildeten klar wurde, dass dies dem Erwählten höhere Gunst bedeutete«.

Am frühen Abend kommt es zu einer Aussprache mit einigen der Redakteure. Was soll ich denn tun?, fragt Schirrmacher in die Runde, worauf ihm einer antwortete: »An Ihrer Stelle würde ich für drei Jahre eine Korrespondentenstelle in Neuseeland annehmen.«[165] Das kann für Schirrmacher natürlich keine ernsthafte Option sein, wenngleich er selbst später nicht selten missliebige Mitarbeiter aus leitenden Positionen in Korrespondentenstellen abschieben wird.

Folgt das Finale. Die Zusammenkunft im Saal der Krone ist vom Setting her durchaus dramatisch angelegt. Man tagt hinter einem zugezogenen roten Samtvorgang, durch den immer wieder einer spähen muss, ob auch ja keine feindliche Macht lauscht.[166] Dabei sitzen die Feinde ja drinnen.

Aber sie schienen machtlos. Oder sind eben plötzlich doch nicht mehr so feindlich gestimmt. Zumal sie nicht allein sind, man tagt ja im Kreise der Korrespondenten. Jürg Altwegg aus Genf, Walter Haubrich aus Madrid und viele andere, die sich dann »auf die Seite der Ordnung gestellt haben. Noch nicht einmal auf Schirrmachers Seite, sondern auf die Seite der bewährten Institution«, erinnert sich ein Teilnehmer.[167] In Raulffs Worten: »Die Auguren hatten nicht geirrt, der Abend verlief undramatisch, und der nächste Morgen sah den Herausgeber im Amt, getroffen, aber nicht versenkt.«

Gefahr droht Schirrmacher allerdings weiter von den Mitherausgebern, an denen der *Spiegel*-Artikel nicht spurlos vorbeigegangen ist. Man kommt zusammen und berät. Schließlich ist es Hugo Müller-Vogg, der Schirrmacher den Kopf rettet. Die Tat ist gut vorbereitet. Im *Focus*, dessen Kulturteil vom Schirrmacher-Freund Stephan Sattler geleitet wurde, erklärt Müller-Vogg am 20. Mai 1996: »Bei uns ist noch niemand aufgrund seiner Promotion zum Ressortleiter oder Herausgeber gemacht worden. Natürlich stehen die Herausgeber der *FAZ* zu Frank Schirrmacher. Das sollten alle ›*Spiegel*-IMs‹ genau wissen.«[168]

In den nächsten Monaten verlassen die Redakteure Gustav Seibt, Jens Jessen, Stephan Speicher und Jan Roß das Feuilleton der *FAZ* und wechseln zur *Berliner Zeitung*.

Die Vorgänge von 1996 haben Schirrmacher misstrauisch gemacht. Aber was folgte für ihn daraus? Wenn man schon nicht verhindern kann, dass man von seinen Getreuen verraten wird, dann muss man dafür sorgen, dass die Verräter keinen allzu großen Schaden anrichten können. Schirrmacher versuche nun die informale Ebene auch weit außerhalb seiner Organisation zu beherrschen. Er intensivierte seine guten Beziehungen in die Chefetagen, schloss gleichsam »Rückversicherungsverträge« ab, wie es ein Redakteur nannte. *Spiegel*, *Welt*, *Bild*, *Süddeutsche Zeitung* nahm er mehr oder weniger unter Kontrolle. Sogar in der liberalen *ZEIT*, zu der er keine so intensiven Beziehungen pflegte, »war es nicht mehr möglich, sich auch ganz unpolemisch kritisch mit Schirrmacher auseinanderzusetzen«, gestand ein altgedienter, selbst gar nicht besonders Schirrmacher-kritischer Redakteur.[169]

Eine Machtdemonstration

Macht im kulturellen Feld zu zeigen meint zwar auch, aber nicht ausschließlich, einem oder vielen anderen seinen Willen aufzuzwingen. Eine Machtdemonstration funktioniert hier nur, wenn einer die Moral fest auf seiner Seite hat. Im Mai 2002 wird Martin Walser Adressat eines offenen Briefs von Frank Schirrmacher. Die Internetpetition ist noch nicht erfunden und ein offener Brief ein ambitioniertes Zeichen: Wer als Prominenter vor den Augen der Öffentlichkeit an einen anderen Prominenten schreibt, stellt sich in eine lange Tradition.

Seit Émile Zola 1898 mit einem offenen Brief an den französischen Präsidenten in die Dreyfus-Affäre eingriff, steht ungeschrieben über all diesen Briefen: »J'accuse« – Ich klage an. Immer geht es dabei um ein Unrecht, das so schreiend ist, dass der Verfasser des Briefs nicht länger schweigen konnte, ohne seine moralische Integrität aufs Spiel zu setzen und seinem Gewissen Gewalt anzutun. Im Medium des offenen Briefs verschmelzen Geltungsdrang und moralischer Anspruch bis zur Ununterscheidbarkeit, das macht ihn für den öffentlichen Intellektuellen attraktiv. Nicht zuletzt kann man mit ihm eine maximale Wirkung erzeugen. Dabei kam der Titel des Briefs, der am 29. Mai 2002 auf der ersten Seite des *FAZ*-Feuilletons veröffentlicht wurde, auf den ersten Blick sachlich daher: ›Tod eines Kritikers‹. Das zitierte schlicht den Titel des neuen Romans von Martin Walser, zu dem es in der Unterzeile im Stile einer Meldung heißt: »Kein Vorabdruck in der *FAZ*«.

Was der angesprochene »liebe Herr Walser« und mit ihm das Publikum dann aber lasen, war von Schirrmacher alles andere als zurückhaltend formuliert: »Ihr Roman ist eine Exekution (…). Ihr Buch ist nichts anderes als eine Mordfantasie.«[170] Das harsche Urteil entzündete sich an einem »Starkritiker«, der im Buch André Ehrl-König heißt und von Schirrmacher als Marcel Reich-Ranicki identifiziert wird.

Nun war Martin Walser zu diesem Zeitpunkt schon lange keine fraglos anerkannte intellektuelle Instanz mehr. Am 11. Oktober 1998 hatte Walser in der Frankfurter Paulskirche den Friedenspreis des deutschen Buchhandels bekommen, Laudator war Frank Schirrmacher. Walser problematisierte in verfänglichen Formulierungen das vorherrschende Gedenken an die Vernichtung der europäischen Juden. Von einer »Instrumentalisierung des Holocaust« war da die Rede und von einer »Dauerrepräsentation unserer Schande«.[171]

Die Sache machte Skandal, die *FAZ* versuchte zu vermitteln. Ein Gespräch zwischen Walser und Ignatz Bubis sowie Schirrmacher und Salomon Korn vom Zentralrat der Juden sollte »den Schlusspunkt der Debatte« markieren, wie ein Beobachter schrieb.[172] Aber natürlich war die Sache noch präsent, als Schirrmacher nun, fast vier Jahre später, seinen offenen Brief schrieb.

»Ich habe, lieber Herr Walser, in meiner Laudatio in der Paulskirche eine Summe Ihres Werkes und Wirkens gezogen. Ebenso klar sage ich, dass ich fatal finde, was Sie jetzt zu tun im Begriff sind. Als Adolf Hitler seine Kriegserklärung gegen Polen formulierte, die Sie in Ihrem Roman so irrwitzig parodieren, war dies auch eine Kriegserklärung an den damals in Polen lebenden Marcel Reich und seine Familie.« Nicht viele europäische Juden hätten überlebt, und noch einmal weniger hätten das Warschauer Ghetto überlebt. »Und noch viel weniger konnten dann in einem Kellerloch in Polen überdauern. Und von all denen, die das überlebt haben, gibt es nur noch einen Bruchteil eines Bruchteils, der heute noch lebt.« Zwei davon seien der heute zweiundachtzigjährige Marcel Reich-Ranicki und seine Frau Teofila. »Verstehen Sie, dass wir keinen Roman drucken werden, der damit spielt, daß dieser Mord fiktiv nachgeholt wird? Verstehen Sie, dass wir der hier verbrämt wiederkehrenden These, der ewige Jude sei unverletzlich, kein Forum bieten werden?«[173]

Die Argumentation wirkt schlüssig. Einen solchen Roman nicht vorabzudrucken, ist nachvollziehbar. Schirrmacher hätte Walser allerdings auch privat schreiben können. Warum tat er es nicht? Er wusste natürlich, dass sich diese Frage stellt, aber es ist ihm nicht gelungen, in seinem offenen Brief eine überzeugende Antwort zu geben. »Ich muss diese Absage öffentlich machen. Sie haben bereits vorauseilend die Vermutung geäußert, eine Absage wäre nur auf den undurchschaubaren Einfluss Marcel Reich-Ranickis zurückzuführen. Doch die reale Hauptfigur Ihres Romans weiß nichts von diesen Vorgängen. Es gibt keine Verschwörung.«

Kann sein, dass Reich-Ranicki, der zu diesem Zeitpunkt ja schon lange nicht mehr in der Redaktion war, trotz guter informaler Kontakte wirklich nichts von alledem wusste und Walser irrte, wenn er das Gegenteil annahm: aber auch das hätte man ihm ja privat schreiben können. Nein, Schirrmacher *wollte* es genau so. Er wollte die große Bühne, er wollte den Skandal, und er wollte sich mit einem »publizistischen Erstschlag«[174] die Meinungsführerschaft in einer Debatte sichern, die er nun angestoßen hatte. Die militärische Metaphorik, die Thomas Steinfeld in der *SZ* mit dem Bild vom Erstschlag gewählt hatte, scheint angemessen. Wie ließe sich eine stärkere Wirkung erzielen als mit dem Urteil über ein Werk, das die Öffentlichkeit gar nicht kennt, wenn der Schuldspruch auf Antisemitismus lautet? Mehr *shock and awe* geht kaum.

Wahrhaftig, die Explosion drohte so gewaltig zu werden, dass die Erde schon am Vorabend zu zittern begann. Das Zittern bekam Günter Berg zu spüren, damals Verlagsleiter und Geschäftsführer bei Suhrkamp, wo Walsers Werke erschienen. An jenem Dienstagabend war er in Königstein, ein neuer Roman von Isabel Allende sollte anderntags den Buchhändlern vorgestellt werden.[175] Berg erinnert sich noch, wie das Wetter war, als das Handy klingelte: schlecht natürlich, sauschlecht, in Strömen regnete es. Hubert Spiegel war dran, der *FAZ*-Literaturchef.

»Wir machen den Vorabdruck nicht. (Pause). Aber Schirrmacher schreibt.«

»Was schreibt er denn?«

»Über den neuen Roman.«

»Welchen Roman denn?«

Rund sechs Wochen waren da vergangen, seit Berg das Manuskript an Hubert Spiegel übergeben hatte, im Hotel Maritim in Berlin, im Beisein von Walser, der tags zuvor mit Gerhard Schröder im Kanzleramt eine Veranstaltung über »Nation, Patriotismus, Demokratie« bestritten hatte. Sechs Wochen, in denen Bedenken schon geäußert worden waren, der Literaturchef aber in Bergs Augen zuversichtlich wirkte. Er müsse noch mit Schirrmacher reden, das sei aber Formsache. Der Vorabdruck des neuen Walser-Romans verstand sich schließlich fast von selbst, nicht weniger als die letzten sechs Romane des Schriftstellers waren vorabgedruckt worden. Und bestimmt hatte Spiegel hinzugefügt, dass der Vorabdruck ohne Einverständnis des langjährigen *FAZ*-Literaturchefs Marcel Reich-Ranicki natürlich undenkbar sei, wie er später, als ein Rosenkrieg zwischen den Feuilletons entbrannt war, schrieb,[176] aber auch das ließ den Suhrkamp-Verlagsleiter nicht zweifeln.

Und nun also das: Nicht nur kein Vorabdruck, sondern sogar eine Art Vorabvernichtung. Berg versuchte noch am selben Abend eine einstweilige Verfügung zu erwirken, aber es war kein Hausjurist mehr erreichbar. Es wäre auch sinnlos gewesen, denn auf *SpiegelOnline* wurde schon die Meldung verbreitet, dass die *FAZ* am nächsten Tag vermelden würde, den neuen Walser nicht abzudrucken. Der Inhalt des offenen Briefes wurde ausführlich wiedergegeben; wie er zum *Spiegel* gekommen war, lässt sich nicht mehr rekonstruieren, aber man kann es sich denken, durch gute Beziehungen natürlich. *Spiegel* und *FAZ* Hand in Hand: Das wird es nun öfter geben.

Günter Berg, der erst später von dieser Vor-Vorberichterstattung erfahren sollte, blieb nichts anderes übrig, als am nächsten Morgen klammen Herzens in Königstein zum Kiosk zu laufen und die *FAZ* zu kaufen. Es folgten: Hektische Anrufe bei Thomas Steinfeld, zwei Auftritte in den ARD-Tagesthemen, eine außerordentliche Sitzung bei Suhrkamp, wo Berg gerade noch verhindern konnte, dass über den Druck des Buchs abgestimmt wurde, schließlich rief Ulla Berkéwicz »irgendwo in Jad Vashem« (Berg) an, wo man ihr beglaubigt hatte, dass es sich bei Martin Walser nicht um einen Antisemiten handele. *Tod eines Kritikers* durfte erscheinen, allerdings erst einmal ohne Rücken- und Klappentext. Der Verlag schien Skrupel zu haben. Ein Etappensieg für Schirrmacher.

Gewiss hatte er mit seinem offenen Brief zu einer zweifelhaften Methode gegriffen, aber gab ihm denn die Sache nicht recht? War der verschämte Umgang mit dem Buch nicht das stille Eingeständnis, dass der Vorwurf des Antisemitismus nicht zu weit hergeholt war? Die Antwort ist nicht leicht zu geben. Und sie ist nicht zu geben, ohne zugleich die Frage zu stellen, was Literatur ist. Schirrmacher hatte ein klares Urteil gefällt. Fiktionales sei in diesem Fall nicht relevant. Davon wollte er ausdrücklich nichts wissen: »Ich bin imstande, das literarische Reden vom nichtliterarischen zu unterscheiden.« Schirrmachers harsches Verdikt ändert allerdings nichts an der Tatsache, dass er sich auf sein feines hermeneutisches Gespür für »Stellen« verlassen konnte. Und es war vor allem eine Stelle im Roman, die Schirrmacher gegen Walser vorbrachte:

»Aber das alles ist nichts gegen den Clou dieses Buches. Mord, Mordkommission, das alles spielt hier immer mit der Erinnerung an den Massenmord der Nazis. Doch der Kritiker ist nicht tot. Seine Frau, die kettenrauchend, kaum Deutsch, sondern Französisch sprechend, unter ihm leidet, weiß es die ganze Zeit. Warum? Sie sagt es, ein Champagnerglas in der Hand: ›Umgebracht zu werden passt doch nicht zu André Ehrl-König.‹ Es ist dieser Satz, der mich vollends sprachlos macht. Er ist Ihnen so wichtig, daß er zweimal in dem Roman vorkommt. Auf dem Hintergrund der Tatsache, daß Marcel Reich-Ranicki der einzige Überlebende seiner Familie ist, halte ich den Satz, der das Getötetwerden oder Überleben zu einer Charaktereigenschaft macht, für ungeheuerlich.«[177]

In der Tat wirkt dieser Satz ungeheuerlich, wenn man ihn auf den Holocaust-Überlebenden Marcel Reich-Ranicki bezieht. Und es bleibt ein Unbehagen, wenn man das ausdrücklich nicht tut. Allerdings liest man *Tod eines Kritikers* nach Schirrmachers offenem Brief nicht mehr unvoreingenommen. Schirrmacher hatte das Freund-Feind-Schema in die Rezeptionsgeschichte eingebrannt. In den meisten Kritiken dominierte eine von zwei orthodoxen Lesarten, Zwischentöne gab es kaum. Die einen lasen den Roman als Satire auf den Literatur- und Medienbetrieb, die andern operierten mit der Hermeneutik des Verdachts. Die einen fanden das Buch folglich antisemitisch, die anderen nicht. »Zu wie viel Prozent der Großkritiker André Ehrl-König dem realen Marcel Reich-Ranicki entspricht, werden zukünftige Germanisten zu errechnen haben«, bemerkte der Walser-Biograph Jörg Magenau in seiner Kritik sarkastisch.[178] Magenau zählte zur Fraktion, die den Roman als Mediensatire las.

Natürlich ist dieser André Ehrl-König irgendwie Marcel Reich-Ranicki und ist es doch nicht. Der Name geht auf den legendären Kritiker Friedrich Sieburg zurück, der 1960 Walsers Roman *Halbzeit* in der *FAZ* mit einem Bild aus Goethes Gedicht *Der Erlkönig* verrissen hatte. Aber es klingt in ihm eben auch der Doppelname Reich-Ranicki an. Und so weiter: Wenn Ehrl-König in seiner TV-Sendung »Sprechstunde« genüsslich »deutsche Literatür« sagt,[179] ist das nicht Ranickis »Literaturrr«, aber nahe dran. Schließlich wird seine Figur mit einem jüdischen Hintergrund versehen, der aber möglichst beiläufig erzählt wird. Walser schrieb eine Satire, in deren Mittelpunkt ein machthungriger, intriganter und prinzipienloser Literaturkritiker stand, der an eine reale Person erinnerte, die spätestens mit der Veröffentlichung ihrer Autobiographie – *Mein Leben* von 1999 – keinen Hehl daraus gemacht hatte, ein Jude zu sein, der den Holocaust überlebt hat. Konnte das gut gehen? Nein. Der Roman *Tod eines Kritikers* ist der Roman eines großen Trotzkopfs. Walser hatte das Problem geahnt und zum postmodernen Spiel gegriffen – der Roman antizipiert den Skandal, den er machen wird:

»»Das Thema war jetzt, dass Hans Lach einen Juden getötet hatte‹. Zwar hatte Ehrl-König seine ›Herkunft als jüdische‹ nie herausgestellt, ob die Mutter jüdisch war, blieb ein Gerücht, aber Hans Lach hatte seine Tat mit dem Satz ›Ab heute nacht Null Uhr wird zurückgeschlagen‹ angekündigt, und ein Journalist von ›DAS-Magazin‹ hatte den antisemitischen Charakter der Tat wortreich verneint, allerdings hatte er den ›Hitlerton‹ in Lachs Ankündigung überhört, außerdem hatte er von Gesinnungspresse gesprochen. So ging es weiter. Erst jetzt hatten die Medien ihr Saisonthema gefunden.«[180]

Das Skript, das Walser in dieser Passage beschreibt, wurde von den Medien weitgehend befolgt. Der Roman schrieb seine zukünftige Rezeption mit. Ja, sogar Schirrmachers offener Brief wurde quasi vorausgesagt: »Wenn man einen ganz und gar treffen will, muss man im Stande sein, gegen ihn so extrem zu verfahren, dass er, auch wenn er ein Leben lang darüber nachdenken würde, auf nichts käme, was ihm die Härte des Vorgehens erklären könnte.«[181]

Möglich also, dass Schirrmacher überhaupt erst durch die Lektüre des Romans auf die Idee mit dem Brief kam. Rezensiert hat er *Tod eines Kritikers* dann nicht selbst, es war Jan Philipp Reemtsma, der *Tod eines Kritikers* für die *FAZ* besprach. Die Besetzung war ein Coup. Eine größere Autorität als den klugen und jeder Effekthascherei unverdächtigen Literaturwissenschaftler und Mäzen Reemtsma ließ sich kaum denken. Auf diese Idee war Schirrmacher allerdings nicht selbst gekommen. Ausgerechnet Jürgen Habermas hatte Reemtsma geraten, der *FAZ* eine Kritik anzubieten.[182] Seit dem Historikerstreit hielt Habermas zwar Abstand zur *Frankfurter Allgemeinen Zeitung*, aber aus Sorge um den Antisemitismus in Walsers Roman ließ er seine Vorbehalte fallen. »Laut Walsers Auskunft soll sein Buch von der Macht im Literaturbetrieb handeln. Tatsächlich zeigt es die obszönen Phantasien eines Autors über einen mächtigen Literaturkritiker«, formulierte Reemtsma bündig. »Dieser Literaturkritiker ist, wie Marcel Reich-Ranicki, Jude. Bekanntlich gehört zum Kernbestand antisemitischer Stereotype das Bild vom geilen Juden, der Macht ausübt, die zu haben er nicht legitimiert ist – besonders im Kulturbetrieb. Er ist der Schuldige schlechthin an der Transformation der Kultur in den Betrieb.«[183]

Kann man ernsthaft bestreiten, dass Reich-Ranicki Kultur in Betrieb übersetzt hat? Was wäre daran eigentlich schlimm? Mehr »Betrieb« heißt ja auch: Der blutige Ernst sinkt, der Unterhaltungswert steigt, heißt: weniger Dünkel, größere Breitenwirkung. Aber wo in einer unseligen Mischung aus echtem moralischem Empfinden und Opportunismus die »Auschwitz-Keule« rasch zur Hand war, konnte der Augenschein nicht einfach spielerisch umgedeutet werden. Der Roman liest sich verkrampft. Reemtsma hatte ja recht: Die Figur Ehrl-König lebt nicht aus der »ästhetischen Stimmigkeit der Komposition, sondern nur aus ihrem Beleidigungs- und Skandalwert«. Schirrmacher, der »große Erregungstechniker« (Jens Jessen), hatte diesen Skandalwert gnadenlos in die Höhe getrieben. Marcel Reich-Ranicki selbst reagierte souverän. Er kritisierte die literarische Qualität des Romans und fand en passant, dass er antisemitisch sei.[184]

Um die Wucht zu erklären, mit der Schirrmacher gegen Martin Walser vorgegangen war, brachte Jörg Magenau in seiner Martin-Walser-Biographie ein Motiv ins Spiel, das mit dessen Roman gar nichts zu tun hatte.[185] Rund zwei Monate vor seinem offenen Brief hatte Schirrmacher nämlich eine große Niederlage als Herausgeber erlitten. Im März 2002 war sein Plan gescheitert, die Feuilletonredaktion von Frankfurt nach Berlin zu verlagern. Der schon öffentlich gemachte Umzug musste auf unbestimmte Zeit verschoben, der Rückzug vom Umzug vermeldet werden. Dabei ließ Schirrmacher keinen Zweifel, dass das wichtigste Feuilleton der Republik dort gemacht werden müsse, wo die Musik spielt, und das war nicht nur in seinen Augen in der neuen deutschen Hauptstadt.

Schon die Einführung der *Berliner Seiten* im September 1999 war eine Reaktion auf die kulturelle und politische Kräfteverschiebung durch den Regierungsumzug gewesen. Auf die Idee zu diesen Seiten war Frank Schirrmacher im Sommer 1988 auf Rügen gekommen. Rein äußerlich ein acht, später noch sechsseitiger Regionalteil der *FAZ*, war der Anspruch ungleich größer: Die *Berliner Seiten* sollten ein Laboratorium der neuen Republik und der alten *FAZ* zugleich sein. Hier wurde mit Formaten experimentiert, hier wurde die Politik einem feuilletonistischen Blick auf scheinbar Geringfügiges wie Tischordnungen bei Empfängen unterzogen, und indem sie das taten, erweiterten sie den Geltungsbereich des Feuilletons und mit ihm den Machtbereich des Herausgebers dieses Feuilletons.

Das zeigte sich schon an der Besetzung der Redaktion: Vier Redakteure waren der Politik zugeordnet, sieben der Kultur. Die Wirtschaft hielt sich ganz heraus. Die *Berliner Seiten* waren aber auch Schirrmachers Antwort auf das Erstarken der *Berliner Zeitung,* wo mit Gustav Seibt, Jens Jessen, Jan Roß und Stefan Speicher gleich vier der Verschwörer der Jahre 1995/96 untergekommen waren. Und sie waren ein Anzeichen für den Wandel eines Journalisten, der Aufsatzbände veröffentlicht und sich an der Publizistik der Weimarer Republik und Heinrich von Kleist orientiert hatte, zum All-in-Feuilletonisten, Talkshowgast und Bestsellerautor. »Berliner Morgenblätter« in Anspielung an Kleists *Berliner Abendblätter* sollten sie zuerst heißen.

Als Blattmacher zeigte Schirrmacher anfangs seine »totale Begeisterungsfähigkeit«, wie sich ein Redakteur erinnert,[186] und er sorgte für Glamour beim Personal. Benjamin von Stuckrad-Barre und Eva Menasse waren eine kurze Zeit lang Redakteure. Gefüllt wurden die Seiten dann aber vor allem von einer Schar freier Autoren von Iris Hanika bis David Wagner, die unter der inspirierenden Führung des Leiters der *Berliner Seiten,* Florian Illies, sich schier grenzenlos entfalten konnten. Das galt auch für mich, der später dazukam und gleich mit einem langen Artikel über Groundhopping auf Berlins unterklassigen Fußballplätzen debütieren durfte.

Was wir nicht wahrhaben wollten: Die *Berliner Seiten* waren nur möglich in jener kurzen verschwenderischen Zeit vor der großen Medienkrise. Diese Krise, die um 2000 einsetzte, war primär eine Anzeigenkrise, sie sollte Schirrmachers Plänen und Projekten einen dicken Strich durch die Rechnung machen. Die Stellenanzeigen waren empfindlich weniger geworden, und die *FAZ,* die finanziell stark von ihrem sonntäglichen Stellenanzeiger abhängig war, hatte darunter besonders zu leiden. »Solange die Samstagsausgabe nicht durch den Briefkastenschlitz geht, brauchen Sie sich keine Sorgen zu machen«, hatte mich der damals für die *Berliner Seiten* arbeitende Redakteur Jürgen Kaube im Sommer 2000 beruhigt, als ich sorgenvoll fragte, ob sich die Anzeigen denn nicht ins Internet verabschieden könnten und mit ihnen auch die kostspieligen *Berliner Seiten*, die im Übrigen praktisch anzeigenfrei waren.

Hinzu kam: Am 30. September 2001 erschien mit der bundesweiten, ebenfalls in der Berliner Mittelstraße gemachten bundesweiten *Frankfurter Allgemeinen Sonntagszeitung* ein weiteres prestigeträchtiges und teures Projekt von Schirrmacher. Auf der Personalebene war dem ein kleiner Exodus von Mitarbeitern vorausgegangen; im Frühjahr hatten der Feuilletonchef Ulrich Raulff, der Literaturchef Thomas Steinfeld, der Literaturredakteur Lothar Müller und die kulturpolitische Korrespondentin Franziska Augstein die *FAZ* in Richtung *Süddeutsche Zeitung* verlassen. Wer wie Schirrmacher das kulturelle Feld gelegentlich mit einem Schlachtfeld verwechselte, musste auch diese Abgänge als Niederlage empfinden, die eine starke Reaktion erforderte. Schirrmacher gab sie, indem er Claudius Seidl, Michael Althen, Edo Reents, Georg Diez und Alexander Gorkow von der *Süddeutschen* holte[187] und mit Ausnahme von Reents in der neuen *FAS* installierte, die sogleich für frischen Wind auf dem deutschen Zeitungsmarkt sorgte. Das konnte den *Berliner Seiten* schon deshalb nicht gelingen, weil sie nur regional vertrieben wurden. Einem prominenten Leser wie Hans Magnus Enzensberger wurden sie extra nach Hause geschickt, wo sie vermutlich an manchen Tagen zusätzlich zum Rezensionsexemplar lagen, das seiner Frau

Katharina zuging,[188] die unter dem Pseudonym Trevira Buddensieck für die *Berliner Seiten* eine astrologische Kolumne schrieb.

Im März 2002 bedurfte es allerdings keiner Sterndeuterei, um zu erkennen, dass die Zeichen für die *FAZ* nicht gut standen. Es genügte ein Blick auf die Samstagsausgabe mit ihrem abgemagerten Stellenanzeiger und die Erinnerung an das Wort von Jürgen Kaube. Die Zeitung passte locker durch einen Schlitz eines Briefkastens der Größe DIN EN 13724. Die Erlöse waren so geschrumpft, dass trotz Rücklagen gespart werden sollte, wo irgend möglich. Bei der *FAS* würde das nicht geschehen. Aber das Spardiktat kam nun jenen zupass, denen die Umzugspläne des gesamten Feuilletons nach Berlin nicht schmeckten. Vorbehalte hatte es im Herausgebergremium längst nicht nur wegen vermeintlich unnötiger Kosten gegeben. Man war auch in Sorge, ob »zwei Produktionsstandorte« nicht unnötige Probleme mit sich brachten. Heimatgefühle taten ein weiteres: Die *FAZ* hatte ihr Herz doch in Frankfurt, warum es nach Berlin verpflanzen? So kam eins zum anderen. Ob es dann Schirrmacher selbst war, der die »Notbremse« gezogen hat, wie man in der Presse lesen konnte,[189] oder ob er erst durch das Veto des *FAZ*-Aufsichtsrats gestoppt wurde,[190] lässt sich heute nicht mehr feststellen.

So oder so, Schirrmacher musste den Rückzug vom Umzug als eine weitere Niederlage empfinden. Und wieder tat ein Befreiungsschlag not. Ob er seinen offenen Brief an Walser wirklich als diesen Schlag empfand, wie Jörg Magenau vermutet? Die Psychologie kennt den Begriff der »Heterogonie«. Er besagt, dass sich die Motivlage einer Handlung verändern kann, wenn eine unbeabsichtigte Nebenwirkung erkannt wird. Das bedeutet in diesem Fall: Dass die Schmach des gescheiterten Umzugs durch die Walser-Debatte aus dem öffentlichen Bewusstsein gerückt war, war für Schirrmacher mindestens ein willkommener Effekt. Schirrmacher hat ja auch deswegen so fasziniert, weil seine Motivlagen schillerten, wie Hans Ulrich Gumbrecht bemerkte.

Bald nach dem Rückzug vom Umzug stellten die *Berliner Seiten* ihr Erscheinen ein. Am 30. Juni 2002 wurden sie zum letzten Mal gedruckt. »Wie fühlt man sich nach einer Niederlage?«, wurde Schirrmacher von der *Welt am Sonntag* gefragt. »›Wer spricht von Siegen ...?‹, fragt schon der Dichter. Ich spüre ungebrochenen Tatendrang«, antwortete Schirrmacher mit einem halben Vers von Rilke.[191] »Überstehen ist alles«, lautet der andere Teil.

Zur letzten Sitzung an der Mittelstraße, in der den Mitarbeitern das sofortige Ende der Seiten bekannt gegeben wurde, erschien Schirrmacher nicht selbst. Allerdings schickte er einen Aufpasser aus Frankfurt, der, wenn ich richtig erinnere, nichts notieren musste, was Schirrmacher Sorgen hätte machen können.

Die Kollegen von der *FAS* senkten auf dem Weg zu ihren Büros im Dachgeschoss die Blicke oder grüßten besonders freundlich, und Florian Illies war so nett, mir einen Job als Autor einer Medienkolumne bei der *Netzeitung* zu organisieren.

Auch in den Medien war die Trauer groß. Allerdings hatte das Publikum nicht mitgezogen; in den zweieinhalb Jahren ihres Bestehens war die Berlin-Auflage der *FAZ* nicht einmal um 2000 Exemplare gewachsen. Auf 60 000 bis 70 000 neue Leser hatte er schon gehofft, bekannte Schirrmacher in einem Interview mit der *ZEIT*.[192] Das Prestige in der Branche war enorm, der ökonomische Erfolg bescheiden.

Jörg Magenau bezahlte einen hohen Preis dafür, dass er in seiner Walser-Biographie kritisch über Schirrmacher geschrieben hatte. Der Literaturchef teilte ihm mit, dass seine freie Mitarbeit bei der *FAZ* nicht länger erwünscht sei.[193] Auch die Biographie wurde nicht besprochen. Damit nicht genug. Noch Magenaus 2016 erschienenes, hochgelobtes Buch über *Princeton 66. Die abenteuerliche Reise der Gruppe 47* wurde von *FAZ* und *FAS* ignoriert, und da war Schirrmacher schon zwei Jahre tot. Wie ist so etwas möglich? Die Charisma-Theorie kennt den Begriff des Amtscharismas. Er besagt, dass sich das Charisma einer Führungsperson nach deren Tod auf die Institution überträgt und gleichsam »veralltäglicht«. Das Gleiche gilt für die Rache, die in ihrer starken affektiven Bindekraft einfach das Gegenstück zu Gefolgschaft, Liebe und Bewunderung in der charismatischen Herrschaftsform darstellt.

Allerdings mussten solche Sanktionen nicht bedeuten, dass Schirrmacher keine Kenntnis der Werke der Verdammten und Ausgeschlossenen hatte. Die genaue Beobachtung des Betriebs und die Kontrolle über die informale Sphäre gehörten weiterhin zu seinen Kernaufgaben als Chef. Die Bibliothek in seinem Herausgeberzimmer hatte eine eigene Abteilung mit Büchern, die die Kollegen geschrieben hatten. Diese »Pflichtexemplare« (Jürgen Kaube)[194] kamen auf verschiedenen Wegen in die Bibliothek, vermutlich schickten ihm die Kollegen gar nicht selten unverlangt ein Exemplar zu.

So wie auch ich Schirrmacher mein erstes Buch *Berlin. Stadt der Dichter* samt einer blumigen Widmung geschickt hatte, in der eitlen Hoffnung, er würde es in seiner Zeitung rezensieren lassen.

Komplett verschwiegen wurde Magenaus Princeton-Buch allerdings nicht. In einer Bildunterschrift auf einer Doppelseite der *FAS* zu Princeton taucht es als Quelle auf. Man kann eine solche nicht einmal beiläufig zu nennende Erwähnung als besonders perfide Variante der Demütigung lesen; auch sie zählt zur Regierungskunst im Feuilleton.

Der Fall Magenau unterscheidet sich nur graduell von dem, was Mathias Schreiber widerfahren ist, nachdem er die *FAZ* verlassen hatte. Sein Abgang hatte eine Vorgeschichte. Es war in grauer Vorzeit (1985), als Schirrmacher und ein paar Redakteure zusammensaßen. Schirrmacher spottete über die neue, damals nur im Rhein-Main-Gebiet verbreitete Sonntagszeitung, die Hugo Müller-Vogg verantwortete. Nun hatte Schreiber kurz zuvor von einem befreundeten Lokalredakteur erfahren, dass Müller-Vogg seinen Redakteuren ein Lob von Schirrmacher über die Sonntagszeitung vorgelesen hatte: »»Seht ihr: Hier im Haus sind nicht nur Neider, nein, da ist einer, der findet das gut, ausgerechnet dieser brillante Kopf aus der Literaturabteilung.««

Erst loben, dann lästern: Schreiber konnte nicht anders, als Schirrmacher auf seinen Opportunismus hinweisen. Der Ertappte stand wortlos auf. Später kam er ins Büro von Schreiber, stellte sich vor den Schreibtisch, guckte ihn böse an und sagte: »»Schreiber, Sie mache ich eines Tages platt.‹ Da bin ich aufgestanden, habe ihn in den Schwitzkasten genommen und habe ihn runtergedrückt vor meinem Schreibtisch auf den Teppich«, erinnert sich Mathias Schreiber. »›Noch mache ich Sie platt.‹ Ich war nämlich kräftiger als er. In dem Moment kommt Gustav Seibt rein und fragt, was denn hier los sei. Spaß, sagte ich, wir haben uns gebalgt.

Es war natürlich kein Spaß, aber Schirrmacher hat dann auch gelacht. Er lag auf dem Rücken wie ein Gregor Samsa.«[195] Und so endet diese Geschichte in einem doppelt vertrauten Sinn: in der Literatur und, mit einigem zeitlichen Abstand, in einer Personalie. Mathias Schreiber verlässt die *FAZ*. Am 1. Juni 1991 tritt er seinen Dienst beim *Spiegel* in Hamburg an. »Wissen Sie, worum ich Sie am meisten beneide? Um die Macht, die Sie beim *Spiegel* haben werden«, gibt ihm Schirrmacher mit auf den Weg.[196]

Schreibers Fall zeugt vom langen Atem der Rache. Von den vier Sachbüchern, die er danach für die Deutsche Verlagsanstalt schreibt, wird in seiner alten Zeitung kein einziges rezensiert.[197] Eine winzige Erwähnung gibt es aber auch in seinem Fall. Sie findet sich versteckt auf einer Radio- und TV-Programmseite; in einem Hinweis auf eine Sendung im SWR 2 wurden doch tatsächlich Autor und Titel genannt. Der Titel des Buches: *Würde*.

Im alten Rom nannte man diese Form der Rache »damnatio memoriae«; seiner soll nicht gedacht werden. Als wirksame archaische Praktik lebt sie auf der informellen Ebene in den modernen Organisationen weiter. Man wird sie in keinem Arbeitsvertrag und keiner Kündigung formuliert finden, sie ist aber die Kehrseite der Gunst und also zentral. Ohren und Herz des Machthabers dürfen sich dem, der Karriere machen will, nicht verschließen. In einem Berufsfeld, in dem »Erwähnung« (oder Zitierung) das entscheidende Kriterium für Prestige und somit Erfolg ist, ist Missachtung das schärfste Mittel der Sanktion, schärfer als jede noch so scharfe Kritik. Eine »Fatwa« nannte der satirische Schriftsteller Joachim Lottmann dieses Verfahren im Kulturbetrieb einmal.[198] Aber selbst eine Fatwa ist nicht ganz frei von rationalem Kalkül. In einer Zeitung wie der *FAZ* kann sich auch der Mächtigste eine Missachtung nur leisten, wenn der Missachtete nicht schon zu viel Prestige angehäuft hat. Einen Magenau oder einen Schreiber kann man ohne Risiko zur Unperson erklären, einen Martin Walser nicht. Seinen Roman einfach nicht zu besprechen, hätten die Leser nicht verstanden und die Redaktion und ihren Herausgeber in Erklärungsnöte gebracht.

Versöhnt haben sich Walser und Schirrmacher allerdings nicht mehr. Nach ihrem Zerwürfnis über *Tod eines Kritikers* sind sie sich überhaupt nur noch ein Mal begegnet.[199] Am 25. Februar 2010 sprachen sie im Literarischen Colloquium Berlin über Walsers *Tagebücher,* darin die Klage über Reich-Ranickis Totalverriss von *Jenseits der Liebe*. Die hält Martin Walser immer noch für skandalös und will das Eingeständnis von Schirrmacher. Er bekommt es aber nicht, im Gegenteil. »Ich bedaure sehr, dass solche Kritiken heute nicht mehr geschrieben werden«, provoziert Schirrmacher. Warum er die »polarisierende Literaturkritik« für notwendig hält, geht in Walsers Empörung unter.[200]

Dabei spricht Schirrmacher von einem uneingelösten Versprechen nicht nur seiner Herausgeberschaft, sondern der Branche. »Schirrmacher hatte ja recht«, sagt die damalige Literaturchefin Felicitas von Lovenberg,[201] »wir sehnen uns doch alle nach diesem Großkritiker. Es war bestimmt auch eine indirekte Kritik an mir, nur ich selbst wollte das gar nicht sein. Und ich glaube auch, dass Schirrmacher sich nach einer Zeit zurücksehnte, wo der Großkritiker groß sein konnte. Warum haben wir jenes Publikum nicht mehr, das die Sache so ernst nimmt?«

Walser dagegen ereifert sich nach so vielen Jahren immer noch über den »Machthaber« Reich-Ranicki. Macht scheint ihm einseitig verteilt, obwohl er doch in seinen *Tagebüchern* einen Traum zitiert, in dem er vor Ranicki davonläuft, der ihn verfolgt, und es dem Träumer am Ende scheint, als laufe er in Wahrheit vor sich selbst davon. Aber weder will Walser etwas von dieser produktiven Paranoia wissen, die der scharfsinnige Psychologe Schirrmacher auch an anderen Stellen der *Tagebücher* erkennt, noch von der Interdependenz der Macht: »Ihr seid die Machthaber im Literaturbetrieb. Wir sind abhängig von Euch.«[202] Die Kränkung ließ Differenzierungen nicht zu.

Kann man all die Kränkungen zählen, sie erzählen sogar? Nein, kann man nicht, muss man auch nicht. Sie nähren jedoch die Phantasien über das, was man »das Schirrmacher-Opfer« nennen könnte. Dieses Opfer verhält sich erst einmal nicht anders als andere Opfer, das heißt fallweise mit der Neigung, sich am Peiniger zu rächen. Im Kulturbetrieb rächt man sich normalerweise prosaisch, man lästert, vielleicht lässt man mal eine Rezension besonders kritisch ausfallen. Im Fall von Schirrmacher scheint das nicht anders gewesen zu sein, auch wenn offenkundig besonders viel gelästert wurde.

In der kollektiven Phantasie nahm die Rache der Opfer aber geradezu alttestamentarische Formen an – was umgekehrt auf die Schwere der Taten verwies, die man Schirrmacher zutraute. Das zeigt die Geschichte um den Kriminalroman *Der Sturm*. Hätte nicht ein Mitarbeiter des S. Fischer Verlags dem *Welt*-Literaturkritiker Richard Kämmerlings einen Tipp gegeben, dieser *Sturm* eines gewissen Per Johansson wäre ein Schwedenkrimi unter vielen geblieben. So aber kam es zur medialen Hinrichtung seines Autors, die heute keinen mehr glücklich machen kann. Kämmerlings führte einen Indizienprozess, an dessen Ende der ehemalige Literaturchef der *FAZ,* Thomas Steinfeld, als einer von zwei Verfassern des Krimis überführt und verurteilt wurde. Per Johansson war ein Pseudonym. Der andere Verfasser, der mit Steinfeld befreundete Arzt Martin Winkler, interessierte nicht weiter.

Der Plot: Ein deutscher »Chefredakteur« kommt in Schweden einer Verschwörung von Hackern und Sicherheitsfirmen auf die Spur, die das Finanzsystem bedrohen. Der Chefredakteur wird ermordet. Zwar heißt er wie ein bekannter Althistoriker, Christian Meier, in seinen Eigenheiten erinnert er an jemand anderen: Er phantasiert gern »über die Macht der Netzwerke, die Zukunft der Roboter und die Allmacht der Gentechnik«, er wechselt häufig die Weltanschauungen, er geht ins Bordell und tummelt sich in einschlägigen Internetforen, er ist gefürchtet bei den Redakteuren, hat oft aber einfach recht, und er wird heimlich verspottet, »wenn er wieder einmal den Untergang der Welt beschwor«.[203] Dachte Steinfeld an Schirrmacher, wenn er Meier schrieb? Solche Anspielungen legen es jedenfalls nahe, *Sturm* als Schlüsselroman zu lesen, wenn man Schirrmacher ein wenig kennt. Und dann ist da die Schilderung der Leiche, deren Überreste von einem Dachs gefressen werden. Eine Grausamkeit, die für Kämmerlings nur einen Grund haben konnte: »Da hat jemand den publizistischen Racheakt erfunden. Um in der nuklearen Metapher zu bleiben: die massive Vergeltung.«[204]

Das spielte auf den Skandal um *Tod eines Kritikers* an. Dort hatte Steinfeld ja von einem »publizistischen Erstschlag« gegen Martin Walser gesprochen. Kämmerlings ging noch einen Schritt weiter, Rache war nicht das letzte Wort: »Hier ist, wie bewusst auch immer, der Wunsch am Werk, erkannt, vielleicht sogar bestraft zu werden.« Man kann sagen, dass dieser Wunsch an Ort und Stelle – im Feuilleton der *Welt* am 14. August 2012 – erfüllt wurde. Nun ließe sich fragen, was einen, der selbst von der Schirrmacher-*FAZ* zur *Welt* gewechselt war, antreibt, die Psychologie aus der Küche in die Öffentlichkeit zu tragen. Aber exemplarisch wird der Fall durch etwas anderes: Die »Enthüllung« folgt genau dem Muster der Skandalisierung von Literatur, wie Schirrmacher sie mit *Tod eines Kritikers* betrieben hatte. Die Aussichten auf einen Scoop – eine »Bombe wird platzen«, raunten Eingeweihte am Vorabend seiner Veröffentlichung[205] – ließen Stilfragen zweitrangig erscheinen. Konnte man bei Walser noch sagen, dass mit dem Antisemitismus ein hohes, wenn nicht das höchste Gut verhandelt wurde, so war hier alles auf den skandalisierenden Effekt ausgerichtet, ohne sich um das Los des Betroffenen zu scheren.

Es war zwar nur eine Glosse, die Jens Jessen daraufhin in der *ZEIT* schrieb. Aber sie trug den Titel *Der wahre Rufmord*. Gemeint war der Rufmord, den die Branche an Thomas Steinfeld geübt hatte, die so unhinterfragt das Geschäft der Skandalisierung mit betrieb. Jessen war eine der wenigen Stimmen, die den Mut hatten, sich öffentlich hinter Steinfeld zu stellen, auch der Verlag stärkte seinem Autor nicht den Rücken. Dabei musste man noch nicht einmal den Schlüsselroman ganz ausblenden, um der Lesart der *Welt* nicht zu folgen. Das Opfer in *Sturm* mag nicht der angenehmste Zeitgenosse sein, objektiv ist er ein Held, weil er der Verschwörung auf die Schliche kommt. Das machte auch Jessen geltend.[206] Auch das wäre also eine mögliche, exemplarische Lesart von Schirrmacher durch die Figur Christian Meier gewesen: nicht immer sympathisch, aber ein Aufklärer. Doch wer las schon den Krimi selbst? Und wer nahm eine Glosse wichtig?

Balzac jedenfalls hätte diese Geschichte kaum schöner schreiben können, und das hatte einmal mehr Hans Ulrich Gumbrecht erkannt. In einem Artikel für den *Freitag* nahm er nun auch Thomas Steinfeld in seinen Reigen der neuen »menschlichen Komödie« auf: »Was also mag ihn bis heute so sehr an Schirrmacher irritieren? Eben ein solches Verhalten, das alle zunächst plausiblen Motivationen überschießt, macht Thomas Steinfeld zu einem Protagonisten Balzac'scher Art, denn es begründete schon immer das Interesse an den Helden dieses ersten großen literarischen Realisten im 19. Jahrhundert, dass sie von nicht erklärbaren Energien getrieben schienen. Einer von Balzacs berühmtesten Romanen, *Les Illusion Perdues* (*Die verlorenen Illusionen*), spielt in der Journalisten-Welt seiner Zeit, und wer dieses Buch gelesen hat und vom neuesten Feuilleton-Skandal erfährt, der kann nicht umhin, Thomas Steinfeld mit dem ehrgeizigen, charmanten, aber nicht immer seine existenziellen Situationen in der Gesellschaft von Paris beherrschenden Lucien de Rubempré zu assoziieren«, während manche Züge Frank Schirrmachers eben, wie schon erwähnt, an den großen Verbrecher Vautrin erinnern.[207]

Wer aus Schirrmachers Leben einen Roman liest, kann den Plot fast beliebig erweitern. Wenn Steinfeld Rubempré und Schirrmacher Vautrin ist, wer ist dann eigentlich Gumbrecht? Man mag ein solches Spiel frivol finden, die literarisierende Sicht auf die Branche und ihre Artefakte ist immerhin eine, die nicht skandalisiert. Gibt es ein besseres Mittel gegen eine Skandalisierung von Literatur, und das ist *Der Sturm* nun einmal, als die Dekonstruktion ihrer »Gründe«?

»Es ist ein furchtbares Gefühl, Gegenstand eines Skandals zu werden und absolut keine Chance zu haben, dagegen etwas zu unternehmen«, sagt Steinfeld heute.[208] Zwar hatte seine Demission als Feuilletonchef der *SZ*, anders als die Branche unkte, nichts mit dem »Skandal« zu tun, obschon sie unmittelbar auf ihn erfolgte. Steinfeld hatte erst einmal genug vom Betrieb. Anderthalb Jahre später ging er als Kulturkorrespondent nach Venedig, was in der *SZ* ein großes Privileg bedeutet.[209]

Gleichwohl: War es nicht naheliegend, den Krimi auch als Schlüsselroman zu lesen? Wer mit Steinfeld spricht, bekommt auf fast jedes Argument ein gutes Gegenargument. Autorintention und Rezeptionsgeschichte gehen weit auseinander. Der Chefredakteur Meier trägt Schuhe der Marke Hutmacher? Ich trage Schuhe der Marke Handmacher, antwortet Steinfeld. Der Chefredakteur kümmert sich um die gleichen Themen wie Schirrmacher? Da hätten sie mal mit … sprechen müssen, wenn der von den Konferenzen kam, antwortet Steinfeld. Die extrem grausame Schilderung der Leiche, kein Hass? Gattungsbedingt, der Schwedenkrimi verlange nun einmal Grausamkeit, und der Lektor wollte es noch viel grausamer haben. Mehr Dachs!, habe der immer gesagt. Den Dachs schließlich, den kenne er persönlich. Nein, er und sein Freund hätten einfach einen tierischen Spaß gehabt, einen Schwedenkrimi zu schreiben. Große Lust, nicht Rache sei das Motiv gewesen. Aber warum hat er das damals nicht einfach gesagt? Keine Chance, sagt Thomas Steinfeld. »Steinfeld ist der große Schirrmacher-Feind« sei das Narrativ gewesen, dagegen komme man nicht an. »Ein Freund hat mir gesagt, hättest du eine Frau daraus gemacht, wäre nie etwas passiert. Das denke ich mir heute auch.«

Und Schirrmacher selbst? Er reagierte so lapidar wie damals Marcel Reich-Ranicki. »Ich lese keine Schwedenkrimis«, ließ er sich zitieren.[210] Zweifellos zeugt Schirrmachers Antwort von einer »überlegenen Schlagfertigkeit« (Jessen). Immerhin, Schirrmacher konnte es dann auch gut sein lassen. In den großen Zerwürfnissen suchte er die Versöhnung. Bei Joachim Fest war das kurz vor dessen Tod ebenso der Fall wie bei Gustav Seibt, es galt sogar für einen wirklich erbitterten Gegner wie Konrad Adam, den Schirrmacher von der *Welt* wieder als Autor zur *FAZ* zurückholte. Bösartige Stimmen sagen allerdings, dass Adam nur deshalb wiedergeholt wurde, um ihn endgültig zu vernichten.[211] Aber das sind wirklich sehr bösartige Stimmen.

Die Politisierung der Debatte

Schirrmachers Debattenstil wurde zunehmend politischer. Und politisch meint hier: Die vierte Gewalt interveniert. Das zeigt der Verlauf der Rechtschreibreform. Ausnahmsweise ging es erst einmal zäh voran; anders als sonst erkannte Schirrmacher das Erregungspotenzial lange nicht, das in der Reform für ein bildungsbürgerliches Publikum lag. Als Mitte der achtziger Jahre die ersten Überlegungen, das Regelwerk der deutschen Sprache zu überarbeiten, laut wurden, war das überhaupt kein Thema für den jungen Redakteur. Das mag damit zusammenhängen, dass Schirrmacher persönlich ein eher lockeres Verhältnis zur Orthographie pflegte. Wie verblüfft war ich, als ich, der freie Mitarbeiter, einmal abends im Büro eines *FAZ*-Redakteurs einen Artikel von Schirrmacher am offenen Bildschirm las. Der Artikel stand im Redaktionssystem und war voller Fehler. Später erfuhr ich aus dem Nachruf von Patrick Bahners, dass ich keine Ausnahme erlebt hatte: Schirrmacher kämpfte oft bis zur letzten Minute mit einem Text (kämpfen scheint es besser zu treffen als einfach nur schreiben), so dass ihm gar nicht die Zeit blieb, ihn noch einmal sorgfältig zu lesen, und sich Korrektor und Redakteur »gleichzeitig ans Werk« machen mussten.[212]

Als die Reform konkreter wurde und erste Vorschläge an

die Öffentlichkeit kamen, etwa der einer gemäßigten Kleinschreibung, erkannte Schirrmacher das Potenzial immer noch nicht ganz, obwohl er von Redakteuren auf die erhitzten Leserbriefe zum Thema hingewiesen wurde. Der Herausgeber ließ erst mal Thomas Steinfeld schreiben, der wie die meisten der *FAZ*-Redakteure überzeugt war, dass die Reform ihr Ziel nicht erreichen würde. Nicht einfacher würde die Rechtschreibung werden, sondern verwirrender und (noch) ärgerlicher. Steinfeld mahnte sowohl die ideellen wie tatsächlichen Kosten an, die eine schlecht durchdachte Reform mit sich bringe, auf das populäre Ausbreiten von Fragwürdigkeiten wie dem legendären »Tunfisch« verzichtete er.

Die Front gegen die Reform wurde immer breiter, in der *FAZ* häuften sich die Leserbriefe, es erschienen flammende Plädoyers von Schriftstellern und eine ganze Serie mit dem Titel »überflüssige Reform« des Pariser Germanistikprofessors Jean-Marie Zemb. Die publizistische Tendenz der Zeitung war also eindeutig. Dennoch beschloss der Herausgeberrat im Sommer 1999, dass auch in der *FAZ* nach der neuen Rechtschreibung geschrieben werde. Schirrmacher hatte sich im Herausgeberrat nicht quergelegt und ließ nun seinen Literaturchef den Leitartikel schreiben, auch wenn der sich bis dahin als Gegner der Reform exponiert hatte. Denn seit Februar 1997 hieß der Literaturchef Thomas Steinfeld. Henning Ritter, selbst ein strikter Verfechter der alten Rechtschreibung, gab dem Kollegen den Rat, er möge die Aufgabe als publizistische Herausforderung begreifen. Im »wohl schwierigsten Artikel seiner Karriere«[213] findet man im Wesentlichen zwei Argumente für das Einlenken: Dass die Reform a) ja doch nur ein Reförmchen sei, bestehend aus ein paar Vereinfachungen nützlicher Art (scharfes

S!) und vielen »pedantischen Reparaturen«, und dass man b) den Nachrichtenagenturen folgen müsse, auf die auch eine Zeitung mit einem so ausgedehnten Korrespondentennetz wie die *FAZ* angewiesen sei. Die Agenturen »liefern einen großen Teil der Meldungen, mit denen die Zeitung jeden Tag arbeitet. Viele dieser Nachrichten gehören zur aktuellen Berichterstattung. Wollte man sie auf die alte Orthographie umschreiben, ginge diese Arbeit zu Lasten der Aktualität.«[214]

Dennoch kehrte die *FAZ* nach einem Jahr wieder zur alten Rechtschreibung zurück, der Unmut in der Leserschaft und in der Redaktion war zu groß geworden. Den Leitartikel schrieb abermals ein spürbar erleichterter Steinfeld, die Agenturen spielten jetzt keine Rolle mehr. Wie stark die Aktualität unter dem Umschreiben ihrer Meldungen in die alte Rechtschreibung nach der Umstellung gelitten hat, ist nicht überliefert.

Schirrmacher hatte sich also abermals zurückgehalten. Doch am 7. August 2004 erschien der erste Artikel des Herausgebers zur Rechtschreibreform. Ein Leitartikel, der die Hauptmeldung des Tages kommentierte, die da lautete: »Mehrere Verlage kehren zurück zur bewährten Rechtschreibung!« – und folgen der *FAZ*, nämlich *Spiegel*, Springer und *Süddeutsche*, Letztere macht allerdings wenig später einen Rückzieher vom Rückzieher. »Die Rückkehr« triumphierte die Überschrift des Leitartikels. Der hohe Ton schien angemessen. Ein »öffentliches Unglück« müsse ein Ende haben, »das letzte planwirtschaftliche Experiment« abgebrochen werden – um einen Alleingang der *DDR* zu verhindern, sei die Reform überhaupt in Gang gesetzt worden, erinnerte Schirrmacher –, wobei man sich gegen sinnvolle Neuerungen natürlich nicht sträube. Die Rechtschreibform erforderte zivilen Ungehorsam fast so zwingend wie die Tyrannei einen Stauffenberg.

Jetzt galt es eine borniert rot-grüne Bundesregierung aus ihren Zwängen zu befreien. Immerhin hatte sie ja mit der parteilosen Kulturstaatsministerin Christina Weiss eine prominente Kritikerin der Reform in den eigenen Reihen. Öffentlich gutgeheißen wurde das Vorgehen von den Ministerpräsidenten Wulff (Niedersachsen, CDU), Müller (Saarland, CDU) und last but not least Stoiber (Bayern, CSU). Die Angelegenheit war nun nicht länger eine Sache der Kultusminister, sondern (fast) ganz oben angekommen. Das elektrisierte Schirrmacher: Die »Auseinandersetzung um die Rechtschreibreform« sei »ein Symbol: Sie zeigt den Politikern die Grenzen ihrer Zuständigkeit.«[215]

Aber nicht alle Akteure der vierten Gewalt wollten ihre Macht ausspielen. »Wir kehren nicht zur alten Rechtschreibung zurück und sind der Auffassung, dass Verlage nicht Politik machen sollten, wir sollten Beobachter bleiben«, meinte etwa der damalige Chefredakteur der *WAZ*, Uwe Knüpfer.[216] Auch in anderen Verlagen hielt man sich zurück und verzichtete auf kampagnenartige Töne.

Anders die *FAZ*, die nicht nur den Beobachterposten verließ, sondern auch mit *Spiegel* und Springer gemeinsame Sache machte. Das war den guten Beziehungen Schirrmachers in die Führungsetagen der beiden Verlage geschuldet, konkret zu Springer-CEO Mathias Döpfner und dem Chefredakteur des *Spiegel*, Stefan Aust. Für Schirrmacher war es ein risikoarmes Spiel, obwohl das Verhältnis der *FAZ* zu Springer als auch zum *Spiegel* traditionell nicht besonders freundschaftlich war. Die Antipathien gegen Springer waren dabei weniger in weltanschaulichen Unterschieden begründet als mehr im Konkurrenzkampf um Köpfe. Vielleicht waren sie gerade deshalb so stark. Und die Feindschaft der *FAZ* zum *Spiegel* war immerhin einmal so erbittert gewesen, dass sie Schirrmacher den Kopf als Herausgeber gerettet hat; erinnert sei an Hugo Müller-Voggs böses Wort von den »*Spiegel*-IMs«, von denen sich die *FAZ* nicht die Personalpolitik machen lasse.

Nun konnte Schirrmacher Bündnisse schmieden, wie er es für richtig hielt. »Darüber ist offiziell nie gesprochen worden«, antwortet Günter Nonnenmacher auf meine Frage, ob Schirrmachers enges Verhältnis zum Führungspersonal der Konkurrenzmedien im Herausgebergremium nicht thematisiert wurde, da es nicht privat blieb, sondern sich im Blatt direkt niederschlug.[217]

Leichtes Spiel hatte Schirrmacher auch, weil ihm seine Redaktion in der Sache zustimmte. »Es wurde als Befreiung begriffen, dass man wieder wie gewohnt schreiben durfte«, erinnert sich Thomas Steinfeld.[218] Beim *Spiegel* sah es da schon anders aus. »Der *Spiegel* galt damals als linksliberal. Da wurde sehr darauf geachtet, dass man von der konservativen *FAZ* ein Stück Abstand hielt, zu Springer sowieso. Einfach dadurch, dass wir drei uns ganz gut kannten, spielte das für uns keine Rolle. Aber natürlich hat die Sache beim *Spiegel* zu wilden Verdächtigungen geführt, was meine Beziehung zu Springer anbelangt. Das wurde geradezu als Sündenfall betrachtet«, erinnert sich Stefan Aust.[219]

Zwar hatte Schirrmacher 1996 nach seiner schlimmen Erfahrung mit den Putschisten in seiner Redaktion die Beziehungen zu den Medienmächtigen intensiviert, Aust und Schirrmacher kannten sich allerdings schon viel länger. Kennengelernt hatte man sich auf dem ersten Jahrestag der Wiedervereinigung, am 3. Oktober 1991, während einer Konferenz im Potsdamer Cäcilienhof. Schirrmacher war auf Stefan

Aust zugegangen. Was er in der Nacht zum Mauerfall auf RTL gesagt habe, sei das Beste gewesen, was es zu diesem Thema zu sagen gebe, schmeichelte Schirrmacher dem Angesprochenen. Und was Aust gesagt hatte, war in der Tat nicht übel gewesen: »Heute Abend, meine Damen und Herren, ist der Zweite Weltkrieg zu Ende gegangen.«

Von da an war man, wie sich Aust ausdrückt, »auf eine gewisse Distanz ganz gut befreundet« und realisierte gemeinsam mehrere publizistisch-historische Projekte. Schirrmacher bewunderte die Arbeiten von Aust; in solchen Fällen war er grenzenlos neugierig und aufnahmebereit. Er konnte seinem Gegenüber das Gefühl geben, die wichtigste Person auf der Welt zu sein. So sagt es nicht nur Aust, so bezeugen es viele. Man muss diese Gabe gar nicht entwerten, um festzuhalten, dass es Situationen gibt, in denen ein Chef sein Ohr verleihen muss. »Zweckgebundene Empathie« nennt es Angelika Klüssendorf.[220] Es ist ein Verhalten, in dem Kalkül und Zugewandtheit keine Gegensätze bilden, was umso besser funktioniert, da Schirrmacher ja nicht irgendwer war. »Das gefällt einem ganz gut, wenn jemand, der über diesen Intellekt und diese Bildung verfügt, zuhören kann«, sagt Stefan Aust. Allerdings war er als *Spiegel*-Chefredakteur auch selbstbewusst genug, um nicht gekränkt zu sein, als sich das Ohr einer anderen Stimme öffnete.

An einem Sommerabend in Berlin des Jahres 2004 war es dann aber wieder Aust, dem Schirrmacher zuhörte. Und Mathias Döpfner. Aust und Döpfner waren in einer anderen Sache verabredet und kamen ins Gespräch über die Reform, Springer hatte schon umgestellt, der *Spiegel* aber noch nicht ganz. Danach war Döpfner mit Schirrmacher in der Paris Bar verabredet. Die Paris Bar in der Kantstraße ist neben dem Borchardt in der Französischen Straße und dem

Einstein Unter den Linden bis heute der dritte der informalen Knotenpunkte der Medienelite in Berlin. Aust schloss sich Döpfner an, und gemeinsam konnten sie Schirrmacher für die Kampagne gewinnen. Es lief auf eine Arbeitsteilung hinaus. Die publizistische Arbeit verrichtete Schirrmacher, das »operative Geschäft« dagegen weitgehend Aust. »Ich habe es unternommen, mit Stoiber zu reden, der auch sofort dabei war«, erinnert er sich. Und weiter: »Er hat mich in Verbindung gebracht mit seinem ehemaligen Kultusminister, der ursprünglich an der Reform beteiligt war. Und mit dem sind wir die ganzen Worte durchgegangen. Dann habe ich versucht, mit Wulff darüber zu sprechen, der ursprünglich Gegner der Rechtschreibreform war, aber jetzt nichts mehr davon wissen wollte. Dann habe ich mit Rüttgers gesprochen. Ich saß mit Eichinger im Biergarten, als Rüttgers anrief und ich ihm klarmachte, dass er bei der Reform der Rechtschreibreform mitmachen musste. Und so haben wir das weitgehend hingekriegt. Schließlich haben wir uns auf eine sehr stark reduzierte Version geeinigt. Da hat die *Spiegel*-Dokumentation eine große Rolle gespielt. Ich habe dann mit dem zuständigen *FAZ*-Herausgeber konferiert, die letzten Punkte habe ich von einem Segelschiff aus mit einem Satellitentelefon bei der Überquerung des Atlantiks ausgehandelt.«[221]

Obwohl hier offenkundig ein Macher am Werk war, will Aust von einem Machtkampf zwischen den Medien und der Politik nichts wissen und gleich gar nichts von einem Kräftemessen dreier Alphajournalisten mit anderen Mächtigen. Dinge, die man in Schirrmachers Leitartikel immerhin zwischen den Zeilen lesen konnte. Bestimmt ging es Aust, der sich bis heute darüber aufregt, dass es ihm nicht gelungen ist, das tz aus platziert zu verbannen und der

Schifffahrt ein f wieder zu nehmen, primär um die Sache. Es bleibt Schriftstellern, Medienjournalisten oder Sekretärinnen vorbehalten, einen solchen Vorgang auch als Machtspiel zu deuten, auf Bestätigung ihrer Deutungen durch die Beobachteten dürfen die Beobachter dabei nicht zählen. Damals lieferte ein Kolumnist des *Tagesspiegel* Deutung und Moral der Geschichte: »Die drei Medien-Manager haben jedes Recht der Welt, mit Kommentaren und sogar mit Kampagnen Sturm zu laufen gegen eine Reform, die sie, aus nachvollziehbaren Gründen, für unsinnig halten. Es ist auch ihr Recht, in ihrem jeweiligen Medium an den alten Schreibweisen festzuhalten. Das ist jedermanns Recht: zu schreiben, wie man möchte. ›Daß‹ zu schreiben ist nicht strafbar. Im Grunde dürfen die deutschen Kultusminister nur eines: Sie dürfen bestimmen, was an den Schulen gelehrt wird. Denn an den Schulen muss es eine geltende Schreibnorm geben, sonst verzweifeln Lehrer und Schüler. Mit ihrer konzertierten Aktion aber regieren die drei Medienmanager indirekt in die deutschen Schulen hinein. Sie wollen, kraft ihrer wirtschaftlichen und publizistischen Macht, bestimmen, wie die deutschen Schüler schreiben. Was kommt als Nächstes? Werden als Nächstes die drei größten deutschen Konzerne erklären, dass sie den Kündigungsschutz für noch unsinniger halten als die Rechtschreibreform und dass sie sich deswegen ab sofort nicht mehr an die entsprechenden Vorschriften halten?«[222]

Harald Martenstein war es, der diese Zeilen schrieb, »Die drei Berlusconis« war sein Artikel überschrieben. Mit seiner Kritik an der Hybris der Verlage hatte er ein breites Unbehagen formuliert, aber hatte er mit seiner düsteren Vorahnung auch recht? Hatte sich Deutschland wirklich in eine italienische Medien- und Postdemokratie verwandelt, unter kräftigem Dazutun von *Spiegel*, *Springer* und *FAZ*? Man muss die Frage verneinen. Es blieb zwar nicht ihre einzige gemeinsame Kampagne. Aber es gab, mit Abstrichen, dann nur noch eine Kampagne, in der direkt versucht wurde, Politik zu machen: die Affäre Wulff. Dazu später mehr.

Was die Rechtschreibreform anbelangt, so erlahmte das Interesse bei Schirrmacher bald wieder. Es verging das Jahr 2005, und das Jahr 2006 neigte sich ebenso ruhig dem Ende zu, als die *FAZ* die Rückkehr zur neuen Rechtschreibung beschloss, nachdem das Reformwerk im Sommer an deutschen Schulen Einzug gehalten hatte. Den Leitartikel schrieb abermals der Literaturchef, der nun Hubert Spiegel hieß. Spiegel argumentierte, dass man nicht länger verantworten könne, wie sehr die Schüler unter der Uneinheitlichkeit zu leiden haben. Jeden Mist der Reformer wolle man allerdings dann doch nicht mitmachen. »Schreibweisen wie Stängel statt Stengel oder Tollpatsch statt Tolpatsch wird es auch in Zukunft in dieser Zeitung nicht geben.«[223] Durch die Leserschaft dürfte in diesem Moment ein heftiges Nicken bei gleichzeitigem Kopfschütteln gegangen sein.

Die Verfilzung im Medienbetrieb blieb allerdings ebenso wie das Unbehagen an ihr. Davon zeugt eine Geschichte, die unter den Titeln *Klammer-Affäre* und *Rosen-Affäre* die Runde machte. Man könnte ihr den etwas barocken Untertitel geben: »als sich das Prinzip der Provokation einmal gegen Frank Schirrmacher selbst richtete und wie er am Schluss doch noch als Sieger dastand«.

Am Anfang stand eine gute Idee. Die *Welt am Sonntag* wollte zur Frankfurter Buchmesse 2005 nicht einfach eine der üblichen Beilagen mit Buchbesprechungen drucken, nein, mit Sonderseiten voller *gossip* wollte man *talk of town* werden. Schon lange machte man ein witziges Feuilleton, stellte Richard Wagners *Ring* mit Playmobil nach oder suchte mit Ulf Poschardt den nächsten Kulturstaatsminister, litt aber immer noch unter dem Image der Springer-Presse und wurde viel zu wenig wahrgenommen, gerade auch in der Branche. Schluss damit. Lasst uns die wichtigsten Personen des Literaturbetriebs portraitieren! Sagen wir fünfzig. Kurz und knackig. Das war es doch. Der »Frankfurter Hofstaat« war eine Idee im besten Sinne der *Berliner Seiten*, sie kam von Matthias Ehlert, der die *Berliner Seiten* stellvertretend geleitet hatte und nun unter seinem ehemaligen Praktikanten Volker Corsten im Feuilleton der *WamS* arbeitete. Die Beilage sollte nicht nur der *Welt am Sonntag* am Wochenende vor der Messe beigegeben, sondern auch auf der Buchmesse selbst verteilt werden. Hostessen wurden gebucht, und Ehlert lud zwecks Umsetzung der Idee ein paar ehemalige *Berliner-Seiten*-Autoren ins Springer-Hochhaus ein.

Die Stimmung im Journalistenclub im neunzehnten Stock mit seiner originalen Holzvertäfelung der *Times* war aufgekratzt. Namen wurden sondiert. In die Auswahl kamen Stars, die damals im Zenit standen, wie Wladimir Kaminer, Jan Weiler oder Judith Hermann. Und Stars, die bis heute hell leuchten, wie Hans Magnus Enzensberger, Christian Kracht oder Ulla Berkéwicz. Man einigte sich auf Namen, denen die Zukunft gehörte, wie Kirsten Fuchs, Michael Zöllner oder den Perlentaucher.de-Gründer Thierry Chervel, und auf Namen, die für die mächtige Vergangenheit standen, wie Günter Grass. Auf der Liste fanden sich erfolgreiche Autoren, die so leicht und risikolos zu verspotten waren wie Susanne Fröhlich oder Ildikó von Kürthy, und solche, die man schon deswegen nicht verspotten wollte, weil man mit ihnen befreundet war, wie Marc Degens. Einflussreiche Kritiker wie Gustav Seibt und Iris Radisch sollten ebenso portraitiert werden wie die Strippenzieher im Betrieb, schillernde Gestalten wie der Popliteratur-Lektor Martin Hielscher oder die Literaturagenten Karin Graf und Matthias Landwehr, Letzterer der Agent von Frank Schirrmacher.

Und natürlich Schirrmacher selbst. Das war allerdings heikel. Schrieb man zu gut über ihn, galt man als Schleimer. Schrieb man bösartig, hieß es, man übe Rache für die Einstellung der *Berliner Seiten*. Diese Bedenken hatte auch O., der Autor für die *Berliner Seiten* gewesen war. Aber er schrieb dann doch den Eintrag: »Den unbedingten Willen zur Macht teilt er mit dem bewunderten Helmut Kohl, den Hang zur Sensation hat er dem Boulevard abgeguckt. Blattmacher gibt es viele in Deutschland, Themenmacher aber nur einen. Was der jüngste *FAZ*-Herausgeber aller Zeiten anfasst, wird fast immer zu Gold.«

Es folgten ein paar Zeilen, die einräumten, dass sich Schirrmacher für Literatur kaum noch interessierte, seit er die Genetik entdeckt hatte. Fehlte der Schluss, und der musste sitzen. Vielleicht so? »Dennoch kommt keiner an ihm vorbei, der in Deutschland schreiben will. Seit der 46-Jährige mit der Jungautorin Rebecca Casati (»Ich ficke mich einmal durchs Alphabet«) liiert ist, nicht einmal mehr die Popfraktion.«[224]

Das saß, aber war es auch eine gute Idee? Es gab wohl vereinzelt Bedenken.[225] Sie wurden zerstreut. »Witzig« sei das, fanden die einen. »Superwitzig!« meinten andere, und überhaupt, man wolle doch ein wenig provozieren. Der Chefredakteur las den Text vor.[226] Man müsse das mit dem Alphabet und dem Ficken halt als Zitat aus Casatis Buch ausweisen, damit wirklich keiner auf Idee käme, hier werde auf einen Lebenswandel angespielt. Das Zitat war nämlich der Anfang von Rebecca Casatis erstem Roman *Hey Hey Hey*. Ein namenloser männlicher Protagonist um die dreißig nimmt sich vor, einmal durchs Alphabet zu »ficken«.

Um diesen Plot zu verstehen, muss man wissen, dass die Niederschrift des Romans mitten in die Goldgräberzeit des Millenniums fiel, als die neue deutsche Literatur mit Begriffen wie »Fräuleinwunder« und »Popliteratur« endlich vermarktbar schien. Gerissene Agenten zogen Verlagsriesen wie Random House mit wilden Verheißungen das Geld aus den lockeren Taschen. Schon vor seiner Veröffentlichung wurde Casatis Roman einer breiten Öffentlichkeit durch einen *Spiegel*-Artikel bekannt. Der Inhalt der Meldung war allerdings nicht der Inhalt des Romans, oder vielmehr, es war dieser Inhalt nur in Verbindung mit dem Vorschuss, den die Autorin für einen im Werden befindlichen Roman bekommen hatte. Kolportiert wurden 150 000 Euro.[227]

Die Hitze jener Tage muss noch in den Hinterköpfen der *Welt*-Redakteure gesteckt haben, als nun die Beilage produziert wurde. Außerdem: Wer nicht weiß, wie hitzig es in einer Redaktion zugeht, wenn die Deadline naht – es ist laut, alle reden auf einen ein, man versteht nicht alles und nicht alles genau –, der kann nicht richtig begreifen, was nun geschah. Irgendjemand fügte rasch das dürre Wort »Zitat« vor das Zitat, und der Text ging in den Druck.

Was sie angerichtet hatten, wurde einigen Beteiligten bewusst, als sie am Sonntagmorgen die Zeitung aufschlugen. Nun sah es nämlich aus, als stamme der Spruch mit dem Alphabet wirklich von Rebecca Casati. »Buchzitat« oder so ähnlich hätte man doch schreiben sollen, wenn man den ganzen Mist nicht besser gleich gelassen hätte. Aber jetzt sah es schon sehr böswillig aus.

Und wie reagierte Schirrmacher? Schirrmacher tobte. Schirrmacher rief seinen Freund Mathias Döpfner an,[228] der vermutlich gleich seinen Chefredakteur anrief, dem Schirrmachers Wut noch einen Tag später als Leichenblässe ins Gesicht geschrieben stand, als er wieder in der Redaktion war. Einen Fehler habe man gemacht. Einen gewaltigen Fehler, hieß es. Die Redakteure versuchten zu beschwichtigen. Es half nichts. Der Chefredakteur schickte Rosen, die Schirrmacher nicht annahm. Schirrmacher verlangte Satisfaktion. Keine Beilage auf der Messe, Bestrafung der Schuldigen. Die Hostessen wurden wieder abbestellt, der verantwortliche Redakteur ins Chefzimmer zitiert. Ehlert schrieb eine Entschuldigung an Schirrmacher und bekam keine Antwort. Von einer Sanktion ausgenommen blieb der hauptverantwortliche Chefredakteur. Wenig später schrieb er ein Buch, in dem es darum ging, dass man mehr Verantwortung übernehmen muss.

Die Strafe kam ein paar Wochen später. Matthias Ehlert wurde die Probezeit bei der *WamS* nicht verlängert. Das schien nun doch des Guten zu viel, der Bogen war überspannt worden. Schließlich war die *FAZ* immer noch ein Konkurrent und Mitbewerber auf dem Markt. Und jetzt sollte man sich also wegen einer Eselei von dieser Konkurrenz die Blatt- und die Personalpolitik machen lassen? Es gab ein Aufbegehren. Volker Corsten, der für das Feuilleton verantwortlich war, zur fraglichen Zeit allerdings im Urlaub geweilt hatte, stellte sich schützend vor seinen Vertreter, aber es half nichts.

Bestraft wurde auch O., der für die *WamS* nicht mehr

schreiben durfte. Er durfte auch in der *SZ* nicht mehr schreiben. Selbst sein Buch über Sprachwandel durfte in der *SZ* weder wie geplant vorabgedruckt noch besprochen werden. Schirrmacher war auch mit der Chefebene der *SZ* verbandelt. Allerdings war die Begründung für das Schreibverbot bei der *SZ* eine andere: »Wir müssen uns schützend vor unsere Redakteurin stellen.«[229] Rebecca Casati war eben nicht nur die Lebensgefährtin von Frank Schirrmacher, sondern selbst Redakteurin bei einer Zeitung. Daran hatte keiner gedacht.

Und irgendwie waltete dann doch noch die Gerechtigkeit. Der *taz*-Redakteur Dirk Knipphals ermutigte Susanne Lang,[230] einen kritischen Artikel zu schreiben, der im Sommer 2006 erscheinen sollte und nebst anderen Geschichten auch das Schreibverbot in *WamS* und *SZ* öffentlich machen wird: »Seither vermissen Leser beider Zeitungen einige Namen freier Autoren, die noch im Impressum der Buchmessenbeilage aufgelistet waren.«[231] Damit nicht genug, das Buch über den Sprachwandel wurde ein Bestseller, im Gegensatz zum Buch über die Verantwortung, das ausgerechnet in der *FAZ* als eine Sammlung von »Binsenweisheiten«[232] verrissen wurde. Und als Jahre später in Potsdam ein Kongress zu Stefan George stattfand, schrieb O. einen Bericht, den er mit ein paar Begleitworten (»es gab da mal eine Satire, die aus dem Ruder lief«) unaufgefordert an Schirrmacher schickte. »Danke für den schönen Text!«, antwortete Schirrmacher und brachte den Bericht.

Aus dem Wunsch, zu provozieren, war ein Skandal geworden, der im Lauf der Zeit zur Posse schrumpfte. Aus der Posse sprang schließlich eine hübsche Pointe, die man fast wieder für einen Skandal halten könnte. 2008 wurde nämlich zum ersten Mal die Messezeitung der *FAZ*, oder wie sie genau hieß: die *Zeitung zur Buchmesse*, verteilt.[233] Sie war voller Klatsch und Tratsch und wurde sofort zum *talk of town*. Nicht nur auf dem Messegelände wurde sie verteilt, sondern auch in den großen Hotels wie dem Frankfurter Hof und dem Hessischen Hof. Last but not least gab es sie auch als PDF, ab vier Uhr in der Früh. Wer die Zeitung am Bildschirm las, weil er nicht mehr warten konnte, nahm zwar das Tempo einer solchen Publikation auf, aber die *Messe-Zeitung* war primär ein toller analoger Auftritt am Ende des Zeitungszeitalters, in dem die Zeichen der digitalen Welt schon unverkennbar waren.

Den Titel der ersten Ausgabe zierte ein abfotografierter Zettel, auf den einer geschrieben hatte: »Vorschuss 1 Mio.! Nö. Macke!« Das war schon gut gewählt; kein noch so kunstvolles Gedicht vermag die Branche in ihrer Vorstellungskraft ähnlich zu reizen wie das Gerücht über einen (unverschämt hohen) Vorschuss. Die letzte der immerhin dreiundzwanzig Seiten dieser Ausgabe vom 15. Oktober 2008 enthielt den gute alten *FAZ*-Fragebogen, ausgefüllt von Jonathan Franzen. Dazwischen allerhand gehobener Klatsch und Tratsch aus der Branche, Berichte von den Partys und Empfängen, Portraits der Akteure, eine Zeitung voller Esprit, Tempo und Witz.

Die Idee zu dieser Zeitung hatte natürlich Frank Schirrmacher. Hatte er sich von der Beilage der *WamS* inspirieren lassen? Hat er sie vielleicht sogar als süße, späte Rache verstanden? Es lässt sich nicht mehr sagen. Felicitas von Lovenberg, die von Schirrmacher mit dem Projekt betraut wurde, will die *WamS*-Beilage jedenfalls gar nicht gekannt haben.[234] Eigentlich hätte ja der damalige Literaturchef die Messezeitung machen sollen. Der hatte aber Bedenken:

Würde man böse von den Empfängen berichten, würde man gar nicht mehr auf diese Empfänge eingeladen, und wie sollte man dann noch von ihnen berichten können? Bedenkenträger konnte Schirrmacher nicht ausstehen. »Er wollte, dass die Leute brannten«, sagt ein Freund.[235] Der Literaturchef wurde Deutschland-Korrespondent, neue Literaturchefin Felicitas von Lovenberg. Die *Messe-Zeitung* gab es bis 2013, dann war Schluss, es fehlte an Anzeigen und an Lust. Schirrmacher war längst auf einem anderen Planeten. Aber am Anfang war er einmal mehr Feuer und Flamme gewesen, hatte bis spätabends in der Redaktion gesessen, oft in Gespräche mit der Redakteurin Julia Voss vertieft, und ließ sich die Schlagzeilen und Titelentwürfe zeigen. »Die *Messe-Zeitung* war ein bisschen *Bild* mit Feuilleton, das gefiel ihm, das Spielerische daran«, erinnert sich Felicitas von Lovenberg.[236]

Wulff muss weg

Ein bisschen *Bild* mit viel Feuilleton also. Umgekehrt machte die *Bild*-Zeitung gern Boulevard mit ein bisschen *FAZ*. In seinem Nachruf auf Schirrmacher betonte der langjährige *Bild*-Chefredakteur Kai Diekmann seine Bewunderung für den *FAZ*-Herausgeber. »Was ich an ihm bewunderte? Vieles. Seine Besessenheit! Aber vor allem seine intellektuelle Streitlust. Er scheute keinen Kampf. Er setzte sich über Regeln hinweg.«[237] Das war relativ zurückhaltend formuliert. »Niemand war ihm gewachsen, weil er sämtliche Grenzen überschritten hat, als existierten sie gar nicht. Man staunte, war fassungslos und gelähmt«, meinte eine Redakteurin.[238]

Frank Schirrmacher, der Rulebreaker. Gemeinhin gelten Rulebreaker heute als Motoren eines kreativen Kapitalismus, die die konservativen Bewahrer und Bedenkenträger längst in die Ecke gedrängt haben. Dabei sind sie selbst für ihre Apologeten höchst ambivalente Wesen: »Sie suchen nach den Grundregeln ihrer Branchen, die sie bewusst oder unbewusst, aber immer mit Leidenschaft verletzen! Durch ihre Regelbrüche haben sie neue Märkte entdeckt, ganze Branchen an den Rand des Abgrunds gebracht, Millionen verdient und mit eigenen Händen unsere Welt verändert«, wirbt die »Rulebreaker-Society« auf ihrer Homepage.[239]

Auch eine Nummer kleiner gilt: Unbewusstes mischt sich mit Kalkül, Zerstörung mit Innovation, Egoismus mit Fortschritt für alle. Das passt.

Ich besuche Kai Diekmann im Springer-Hochhaus, wo er nach seinem Austritt aus dem Verlag noch ein Büro hat. »Welche Regeln hat Schirrmacher gebrochen?«, frage ich Diekmann. »Das Buch von Grass« fällt ihm spontan ein. Er meint *Beim Häuten der Zwiebel,* die im Sommer 2006 erschienene Autobiographie von Grass. Vorabexemplare des Buchs lagen auf ungezählten Redakteurstischen, und es mochte auch den Sommerferien geschuldet sein, dass Frank Schirrmacher als Einziger sofort die Dramatik erkannte, die in der fast beiläufigen Auskunft von Günter Grass lag, dass er mit siebzehn der Waffen-SS beigetreten sei. Da bekannte sich ja nicht irgendeiner, sondern ausgerechnet Grass, der auf dem hohen moralischen Ross durch die Republik ritt.

Am 12. August 2006 war in der *FAZ* ein großes Interview zu lesen, das Schirrmacher und Hubert Spiegel mit dem Schriftsteller unter dem Schatten einer Eiche in dessen Garten in Behlendorf geführt hatten. Grass sprach über seinen Dienst bei der Panzerdivision Frundsberg, die zur Waffen-SS gehörte, über seine Motive, sich ihr anzuschließen, und nicht zuletzt über sein langes Schweigen in dieser Sache: »Das musste raus, endlich.«[240] Vor allem Letzteres war schwer begreiflich. Die intensive öffentliche Debatte folgte auf das Interview. Aber als das Interview in der *FAZ* erschien, war das Buch noch gar nicht im Handel. Die Veröffentlichung wurde dann rasch vorgezogen, eine Woche später konnte man das neue Buch von Grass kaufen.[241]

Das erinnert einmal mehr an den offenen Brief, den Schirrmacher an Martin Walser geschickt hatte. Auch Grass fühlte sich daran erinnert. »Ich bereue, mich mit dieser Zeitung eingelassen zu haben (...). Ich hätte es besser wissen müssen, schließlich hat Herausgeber Frank Schirrmacher auch schon Christa Wolf und Martin Walser ähnlich unkorrekt behandelt.«« [242]

Ursprünglich sollte das Interview zeitgleich mit einem achtseitigen Sonderdruck von *Beim Häuten der Zwiebel* in der Tiefdruckbeilage der *FAZ* erscheinen: eine Win-win-Situation, zumal von dem auch als Zeichner ehrgeizigen Grass Rötelzeichnungen mit abgedruckt werden sollten. [243] Grass ging offenbar davon aus, dass Hubert Spiegel das Interview allein führen würde. Dann aber tauchte Schirrmacher an dessen Seite auf, und von Interesse waren nun primär Grass und die SS. Über die »»marktschreierische Aufmachung«« des Interviews, das »boulevardmäßig aufgezogen« worden sei, erboste sich nun auch der Verleger von Grass, Gerhard Steidl, der den Deal eingefädelt hatte. [244] Nach außen wirkte das anders, nicht wenige Kritiker, unter anderem auch der Zentralrat der Juden, sahen in Grass' spätem Geständnis und den flankierenden Maßnahmen durch die *FAZ* vor allem eine »PR-Aktion«. [245] Schirrmacher selbst konnte die Aufregung sowieso nicht teilen. Er argumentierte als Journalist. Grass' Bekenntnis sei nun einmal »eine Sensation«. Das nicht zu erkennen, wäre ein Grund, »»dass man mich auf der Stelle entlassen müsste««. [246]

Um Schirrmacher als Regelbrecher zu verstehen, fällt Diekmann noch ein anderes Beispiel ein. »Dass er später seine Bücher bei uns vorabgedruckt hat und nicht bei sich in der *FAZ*.« Diekmann meint vor allem Schirrmachers ersten Bestseller *Das Methusalem-Komplott*. Das Buch erschien 2004 und wurde in der *Bild*-Zeitung vom 22. März bis zum 26. März in fünf Folgen vorabgedruckt, die boulevardgerecht aufgemacht wurden. Der Autor wird konsequent

»Dr. Frank Schirrmacher« genannt und in einem Kasten steht Zuspruch der Prominenz: »Eine Zeitbombe. Ein Buch erschüttert Deutschland! Polit-Promis über die Bild-›Methusalem-Serie‹. ARD-Talkstar Reinhold Beckmann: Aufsehen erregend! Ein Thema, das uns alle interessiert. Das Buch rüttelt uns wach! SPD-Historiker Dr. Peter Glotz: ›Gott sei Dank, dass die Bevölkerungs-Zeitbombe endlich fundiert aufgegriffen wird. Ich wünsche Schirrmacher 100 000 Auflage.«[247]

Für den redlichen Intellektuellen Glotz mochte die 100 000er-Marke der Gipfel dessen sein, was ein Sachbuch in Deutschland verkaufen kann. Tatsächlich verkaufte sich *Das Methusalem-Komplott* bis heute rund 750 000-mal. Es ist damit das mit Abstand erfolgreichste Buch von Frank Schirrmacher, die drei Nachfolger fanden je rund 150 000 Käufer.[248] Natürlich muss eine Menge zusammenkommen, bis ein solcher Erfolg erzielt werden kann, eine noch so große Medienkampagne reicht da nicht. Das Thema muss schon heiß sein, und die Überalterung der Gesellschaft war ein heißes Thema, das Schirrmacher zwar nicht erfunden, aber mit vielen Beiträgen in der *FAZ* ins Bewusstsein einer breiten Öffentlichkeit gebracht hatte.

Publizistisch entdeckt hatte das Thema die Konkurrenz. 2002 stieß Gustav Seibt eine kleine Serie im *SZ*-Feuilleton an, da waren die einschlägigen Bücher von Meinhard Miegel und Herwig Birg gerade erschienen. »Wer wird uns anlächeln, wenn wir achtzig sind?«, fragte Seibt im Angesicht des demographischen Wandels fast rührend.[249] Schirrmacher dagegen wusste, wie man Dampf macht: »Das ist unser Krieg!«, formulierte er rund zwei Jahre später im *Methusalem-Komplott*. »WIR – ja, SIE auch – stehen vor der größten Revolution des Lebens! Dem ›Weltkrieg der Generationen‹«, setzte die *Bild*-Zeitung noch eines drauf.[250] Der Ausbruch des Kriegs wurde auf »2010« datiert: »Angesichts der demütigenden Altersbilder wird in Deutschland ein Klima großer Traurigkeit und Angst entstehen.« Ich persönlich kann mich an dieses Klima nicht erinnern.

Nach den Vorabdrucken in der *Bild*-Zeitung und im *Spiegel* folgten die Fernsehauftritte bei Beckmann, aber auch in der Sendung »Menschen der Woche« von Frank Elstner und anderen. Der *public intellectual* Schirrmacher drang jetzt in Schichten vor, die kein Zeitungsfeuilleton erreichen konnte. »Er hat sogar viele Talkshows abgesagt, aus Zeitgründen, aber nicht nur«, erinnert sich Ulrike Netenjakob, die damals für den Blessing Verlag die Öffentlichkeitsarbeit leitete. Abgesagt hat Schirrmacher wohl auch, weil er sich in Talkshows nicht besonders wohlfühlte, so jedenfalls der Eindruck. Hinzu kamen »unzählige Radio- und Fernsehinterviews«. Ulrike Netenjakob kann sich an keinen Autor erinnern, der »so gut vernetzt« war wie Frank Schirrmacher.[251]

Der Gedanke, dass die dichte Vernetzung von Autoren, Publizisten, Redakteuren und anderen anrüchig sein könnte, verschwindet aus unserer Kultur. Auch mich scheint das neue Denken langsam zu beherrschen. Ich sage zu Kai Diekmann in seinem hellen Büro hoch über der Stadt, dass mich diese Vetternwirtschaft damals genervt habe, ich heute aber die »geniale Vermarktungsstrategie« bewundere. Diekmann gibt eine überraschend pragmatische Antwort. Für eine Verkaufszeitung wie *Bild*, die kaum Abonnenten hat und sich jeden Tag den Zuspruch der Leser aufs Neue erwerben muss, liege es nahe, in Serien zu denken. Vorabdrucke waren schon vor seiner Zeit als *Bild*-Chef gang und gäbe. Allerdings zahlte Springer zum Teil sechsstellige Summen für einen solchen Abdruck. Das änderte Diekmann, als er Chefredakteur wurde. Er überzeugte die Verlage von einem Geschäft, das nur Gewinner kennt: »Denn jedes Buch, das in *Bild* eine Serie bekommt, ist automatisch in der *Spiegel*-Bestenliste. Das gilt bis heute. Von Harpe Kerkeling über Clinton bis Gerhard Schröder. Warum hat Schröder 2007 nach den Auseinandersetzungen um Rot-Grün in der *Bild*-Zeitung sein Buch dennoch bei uns vorabdrucken lassen? Ich suchte nach Stoffen die entweder einen spektakulären Seriencharakter hatten, oder aber wichtige Stoffe. Nun hat Frank in seinen Büchern so geschrieben, dass man es auch für ein Massenpublikum attraktiv aufbereiten konnte. Er hatte eine klare Sprache und steile Thesen. Er neigte zur Überspitzung, das passte zu uns. Und dass ein *FAZ*-Mann hier schrieb, hat uns ein gewisses Renommee gebracht. Darauf waren ja auch alle unsere Aktivitäten gerichtet: *Bild* vom Rand in die Mitte der Gesellschaft zurückzuholen.«[252]

Diekmann spricht den Deal aus: Wir verhelfen dir zu einem Bestseller, und du verhilfst uns zu Seriosität. Dabei konnte er direkt von der *FAZ* lernen. Als die *Bild*-Zeitung einmal »Die Handschrift stirbt aus!« titelte und den Platz darunter mit Handschriften füllte, hätte diese Idee auch von Schirrmacher stammen können, sagt Diekmann zu Recht.

Umgekehrt konnte das *FAZ*-Feuilleton von der Innovation des befreundeten Konkurrenten profitieren. Als die *Bild*-Zeitung in eine Sackgasse zu geraten drohte, erfand Diekmann den Leserreporter. Einmal schickt ein Leserreporter eine Aufnahme des späteren Papstes, Kardinal Ratzinger, wie der bei seinem Bruder in der Stube sitzt und einen Schnaps trinkt. Der Katholik Diekmann traut sich nicht, das Foto in seiner Zeitung zu drucken. Er leitet es weiter an

Frank Schirrmacher, der es in seiner Zeitung abdruckte. »Das war Frank. Man konnte sich mit ihm die Bälle hin- und herwerfen.« In diesem Spiel gab es nur einen Verlierer: Der, der ohnmächtig zuschauen musste, wie ihm ein Feindbild abhandenkam, weil die verhasste *Bild*-Zeitung immer verspielter und cooler wurde.

»Er war ja eines nicht. Er war kein Zyniker«, sagt Diekmann. »So jemand wie Stefan Aust oder auch ich, wir lassen die Dinge nicht so an uns heran, machen auch mal einen zynischen Spruch. Schirrmacher konnte das nicht. Er hat immer alles ganz dicht herangelassen.«[253] Wir sprechen über die Freundschaft der beiden Männer.[254] Diekmann erzählt, wie ihm Schirrmacher einmal ein wertvolles Buch geschenkt hat. Aus der Bibliothek von Ernst Jünger. Einfach so, ohne Anlass. Dass Schirrmacher die Gabe hatte, Leute zu beschenken, ist von vielen überliefert. Auch überraschende Geschenke zu machen. So schickte er an einen anderen Freund aus der Medienbranche, Kurt Kister, Chefredakteur der *SZ* und bekanntermaßen Perry-Rhodan-Fan, gleich ein paar Umzugskartons mit Perry-Rhodan-Heften, die er auf eBay ersteigert hatte. Und da Schirrmacher zuvor ein »großräumiges Geschenk« von Kister bekommen hatte, war es auch ein wenig ein »Danaergeschenk« (Kister), spielerische Freundschaft eben.[255]

»Eine schöne Geschichte mit dem Ernst Jünger«, sage ich zu Diekmann, »ich habe sie in Ihrem Nachruf gelesen.« Ich wedele mit dem Ausdruck. Diekmann will ihn haben, er liest den Nachruf, den er geschrieben hat. Vielleicht erinnert er sich nicht mehr genau. Er liest und nickt. Dann sagt er, dass er sich auf Schirrmacher immer verlassen konnte. Verlässlichkeit sei für ihn ein Kriterium für Freundschaft.

Während Diekmann so spricht, denke ich mir, dass wir gut täten, den Begriff der Freundschaft nicht überzustrapazieren. In unserer Branche gibt es kaum tiefe Freundschaften. Was es gibt, sind Buddys, und das ist ja auch gar nicht schlimm. Man müsste eine Verteidigung des Buddytums schreiben. Buddys müssen Privates und Geschäftliches nicht trennen, sie sagen »Mein Lieber« und machen Witze über andere Buddys. Man kann mit ihnen eine gute Zeit haben, und es ist klar, dass man einem Buddy nicht unbedingt sagen muss, dass es mit ihm kein gutes Ende nimmt, wenn er sich weiter so verausgabt. Aber einem Freund sollte man das schon sagen.

Die Verlässlichkeit, fährt Diekmann fort, gelte im Zweifel dann auch gegen einen selbst. Mit Stefan Niggemeier hatte Schirrmacher den schärfsten *Bild*-Kritiker in seinen Reihen. Über den habe er immer seine schützende Hand gehalten, sagt Diekmann. Ein gelassener, geselliger Mensch sei Schirrmacher natürlich nicht gewesen. Vielleicht mit einer Ausnahme. Bei sich zu Hause in Sacrow. Meistens habe man telefoniert. Oder gesimst. Schirrmacher sei oft in Sorge gewesen. »Getrieben von mitunter größten Sorgen.« Gerade auch in der »Sache mit Wulff«. »Da wussten wir nicht, ob wir von der Welle verschlungen werden.«

Die Sache mit Wulff also. Auch in dieser Angelegenheit spielt ein publizistischer Regelbruch eine zentrale Rolle. Am 12. Dezember 2011 findet Kai Diekmann, der sich in New York aufhält, auf seiner Mailbox eine empörte Nachricht des Bundespräsidenten, der aus Kuwait anruft. Angetrieben von seinem glücklosen Pressesprecher, droht Wulff mit seinen Anwälten, falls die *Bild*-Zeitung eine »unglaubliche Geschichte« bringen würde, die sich um angebliche Ungereimtheiten bei der Finanzierung seines Hauses in Großburgwedel drehen soll. In der Branche kursiert die Geschichte schon lange, es wird gemunkelt, dass Carsten Maschmeyer seine Hände im Spiel hat (was sich als falsch erwies, Kreditgeberin war eine Wulff-Freundin namens Edith Geerkens). Wulff ist aufgebracht, sprunghaft, drohend, dann wieder versöhnlich, es fällt der Satz: »Und da ist jetzt bei meiner Frau und mir einfach der Rubikon im Verhalten überschritten.«

Was danach geschah, beschreibt Wulff in seinem Buch *Ganz oben Ganz unten* so: Diekmann »leitete den Inhalt der Mailbox sofort von New York nach Berlin, ließ eine Abschrift anfertigen und diese zwei Kollegen anderer Blätter zukommen. Damit war gewährleistet, dass sich die Nachricht, der Bundespräsident habe ihm angeblich mit Krieg gedroht, wie eine Lauffeuer in den oberen Etagen der Redaktionen verbreitete, auf deren Beistand er zählen konnte. Das waren vor allen anderen der *Spiegel* und die *Frankfurter Allgemeine Zeitung*.«[256]

Diese Darstellung ist nicht ganz falsch. Allerdings war der Weg, auf dem die private Äußerung in die Öffentlichkeit getragen wurde, etwas länger und kurvenreicher.[257] In der *Bild*-Zeitung ist umstritten, ob der Anruf publik gemacht werden soll. Mitte Dezember schickt Diekmann eine Abschrift an Schirrmacher und Giovanni di Lorenzo, fragt die beiden, was sie von der Sache halten. Soll die *Bild*-Zeitung den Anruf veröffentlichen? Di Lorenzo rät von einer Publikation ab, Schirrmacher rät zu.[258] Die *Bild*-Zeitung zögert weiter. Auch im Herausgebergremium der *FAZ* entscheidet man sich, die Geschichte nicht zu bringen, obwohl Schirrmacher diese Option offenbar ins Spiel gebracht hatte.

Aber die Sache spricht sich natürlich herum, und so passiert, was passieren muss: Am 20. Dezember 2011 findet sich eine erste Andeutung über den Anruf in einem Artikel des designierten neuen *FAZ*-Feuilletonchefs Nils Minkmar. Am 1. Januar 2012 berichtet dann der Politikredakteur Eckart Lohse konkret über den Fall. Und einen Tag später liefert Minkmar in einem großen Feuilletonstück die Deutung: »Was dieses Telefonat über den ersten Mann im Staat und seinen Stil verrät«. Es verrate, dass Wulff seinem Amt nicht gewachsen sei, argumentiert Minkmar. Dem neuen Bundespräsidenten fehle es an Format, er sei ohne Taktgefühl und politischen Instinkt. »Man würde erwarten, dass ein Ministerpräsident, ein Bundespräsident selbst einlädt, statt sich einladen zu lassen. Dass er sich um politisches und symbolisches Kapital sorgt, statt um ökonomisches. So legt sich eine entnervende Verdruckstheit über die ganze Amtsführung, die zu einer selektiven und taktierenden Kommunikation führt, die zu den komischen Finanzoperationen passt, die zum Erwerb dieses Haus nötig waren.«[259] Das sah auch Schirrmacher so. Fast wortgleich hatte er am 12. Dezember geschrieben: »Vernichtung von Kapital: das kennen wir. Vernichtung von symbolischem Kapital: das lernen wir jetzt kennen«.[260]

Das konnte man so sehen, und doch bleibt ein schales Gefühl. Einfach weil Wulff recht bekommen hat. Von all den Vorteilsnahmen, die man dem Bundespräsidenten öffentlich vorhielt, blieben vor Gericht gerade mal 140 Euro für ein Essen auf dem Oktoberfest übrig. Am 27. Februar 2014 wurde Wulff vom Landgericht Hannover in allen Anklagepunkten freigesprochen.

Der Richter verband seinen Freispruch mit der »Bitte an die Medienvertreter«, das Urteil ernst zu nehmen. Er wusste, warum er diese Bitte aussprach. Mit wenigen Ausnahmen waren die Medien heißgelaufen in jenen rund sechzig Tagen, die zwischen dem ersten Artikel über den Anruf auf der Mailbox bis zum Rücktritt von Wulff lagen. Wulff selbst spricht in seinem Buch von einer »Jagd«. Mit *Spiegel*, *FAZ* und *Bild* als den gefährlichsten Jägern. Darin klingt der Verdacht auf eine Verschwörung an. Gewiss, wenn einer Verschwörung eine Verabredung zugrunde liegt, dann lag keine Verschwörung »der Medien« vor. Es gab keinen Plan zum Sturz von Wulff. Was es gab, war ein »stillschweigender Konsens der führenden Printmedien«, wie es der Jurist Norbert Horn nannte.[261]

Als Diekmann beschloss, den Mitschnitt an Di Lorenzo und vor allem an Schirrmacher zu schicken, schien er den Lauf der Dinge vorausgeahnt zu haben. Jedenfalls beantwortete die Pressestelle des Axel Springer Verlags am 25. Januar 2012 die Frage der *taz*, wie der Anruf seinen Weg in die Öffentlichkeit gefunden hat, in diesem Sinn: »Aust beschreibt es so: ›Ist die Zahnpasta erstmal aus der Tube, kriegt man sie nicht wieder zurück.‹ Dem können wir uns nur anschließen. Und wenn eine Information erst einmal in Journalistenkreisen bekannt ist, dann ist es nur eine Frage der Zeit, bis sie sich auch weiterverbreitet. Es ging ja auch um den Versuch, die freie Presse einschüchtern zu wollen.«[262]

Für eine Verschwörungstheorie typisch ist die Annahme, dass oberflächliche Motive die wahren Gründe verbergen. Diese Gründe liegen für Wulff in seinem Engagement für die Muslime. Es fand seinen prägnantesten Ausdruck in dem Satz »Aber der Islam gehört inzwischen auch zu Deutschland«, der in seiner Rede vom 3. Oktober 2010 fiel. Es ist unstrittig, dass dieser Satz den neuen Bundespräsidenten in manchen Kreisen verhasst gemacht hat. Und auch mit Diekmann, zu dem er damals noch ein gutes Verhältnis pflegte, war er darüber in eine erste Konfrontation geraten. Das geht auf keinen Fall, habe Diekmann zu ihm gesagt.[263] Aber stand wirklich Islamophobie hinter der Kampagne gegen ihn? Man darf es bezweifeln.

So hatte Schirrmacher zwar durchaus kritisch über den Islam und Islamismus in Deutschland geschrieben und gesprochen, etwa in einem langen Gespräch mit Alice Schwarzer. Auch war er ein großer Förderer von Necla Kelek, und seine Haltung zu Thilo Sarrazin war am Beginn von dessen zweiter Karriere als rechtspopulistischer Autor mindestens ambivalent. Aber das Thema spielt in Schirrmachers Artikeln gegen Wulff keine Rolle. Warum hätte er es verschweigen sollen, wenn ihm daran gelegen wäre?

Wenn man in seinem Eifer ein heimliches Motiv ausmachen wollte, dann womöglich dieses: Frank Schirrmacher war geradezu besessen von der Vorstellung, dass Bettina Wulff in ihrem früheren Leben als Escort in Hannover und Umgebung gearbeitet haben soll. Ein Gerücht, das Ende 2011 erst durch eine Andeutung in der *Berliner Zeitung* und dann durch eine Andeutung zur Andeutung in der Sendung *Günther Jauch* öffentlich wurde. Es kursierte schon länger und elektrisierte nicht nur Schirrmacher, sondern versetzte eine ganze Branche in einen Erregungszustand. Allerdings war es einmal mehr Frank Schirrmacher, der aus der Sache etwas *machen* wollte. Er ließ im Steintor-Viertel in Hannover recherchieren, um das Terrain für einen möglichen Scoop zu bereiten. Dort, im Rotlicht, schienen alle Fäden zusammenzulaufen, dort schien sich die gute Gesellschaft in Milieu zurückzuverwandeln. Es klang einfach zu gut. Gerhard Schröder, Sigmar Gabriel, die Scorpions, Carsten

Maschmeyer und Christian Wulff hier, »die graue Eminenz von Hannover«, der Rechtsanwalt Götz-Werner von Fromberg dort, und nichts geht ohne die Hells Angels und ihren Präsidenten Frank Hanebuth. Einen ersten Artikel von Robert von Lucius musste die *FAZ* aus dem Archiv nehmen, aber in einem zweiten Artikel von Philip Eppelsheim war dann alles wieder da, inklusive der Quintessenz des ersten Artikels, wobei Eppelsheim seinen Blick auf Gerhard Schröder und dessen Freundschaft zu Götz-Werner von Fromberg fokussierte, der wiederum mit Hanebuth gut befreundet war. Christian und Bettina Wulff blieben außen vor. Einstweilen. Denn da war ja auch noch das Tattoo der neuen First Lady, das 2010 zum Sommergespräch wurde.

Die *FAZ* wäre nicht die *FAZ*, wenn sie nicht den kulturgeschichtlichen Hintergrund beleuchtet hätte: »Früher hatten Gesellschaften eine Zone der Ausgeschlossenen, in denen Verbrecher, Sträflinge, Zuhälter, Nutten, Hafenarbeiter, Seeleute, Vagabunden ihr gegenbürgerliches Zuhause hatten; die Mehrheit kam mit dieser Zone normalerweise nicht in Berührung. Dort erkannte man sich an den Tätowierungen.« Und mit einer an Zweideutigkeit kaum zu überbietenden Phrase schloss dieser Artikel: »Nun zieht also erstmals ein Tattoo in das Schloss Bellevue ein und gehört damit zum informellen Repräsentationsinstrumentarium des höchsten Staatsamtes. Selbst wenn der Bundespräsident es ›cool‹ findet, es bleibt ein Import aus der Unterwelt.«[264]

Auch wenn es einstweilen nichts Verwertbares gab, hielt Schirrmacher an seinem Projekt fest. Während einer Feier zum siebzigsten Geburtstag von Heinrich Breloer im Februar 2012 traf er auf seinen ehemaligen scharfen Kritiker Lutz Hachmeister, der ihn nun manchmal in Medienfragen beriet. Man hatte sich schon länger nicht mehr gesehen. »Schirrmacher fragte, ›Was machen Sie denn so‹«, erinnert sich Hachmeister. »Ich arbeite an einem Dokumentarfilm über Christian Wulff‹, sage ich. ›Gehen wir mal raus, eine Zigarette rauchen‹, schlug er vor. ›Sie wissen ja wahrscheinlich, dass die Bettina Wulff von den Hells Angels rekrutiert wurde, um an Wulff vermittelt zu werden.‹ Ich habe ihm versprochen, ich würde dranbleiben. Mich hat beeindruckt, mit welcher Ernsthaftigkeit er diese These verfochten hat, da war null Ironie. So dass ich gelegentlich selbst schon dachte, also, wenn der Schirrmacher das sagt, dann wird da schon was dran sein. Obwohl mir das ziemlich unrealistisch erschien.«[265]

Und weil eben nichts dran war, stellte Schirrmacher dann doch andere Fragen an den Bundespräsidenten. Die weltweite Finanzkrise, die im Sommer 2007 in den USA ausgebrochen war, als dort die Immobilienblase platzte und sich ein Jahr später mit der Pleite der Großbank Lehman Brothers verschärfte, war immer noch nicht überwunden. Und da war nun ein Bundespräsident, der (vermeintlich) über eine »dubiose Kreditaffäre stürzt, während ein ganzer Kontinent erlebt, was die Abhängigkeit von Krediten und Ratings bedeutet«.[266]

Wie kann es sein, dass das Staatsoberhaupt die Öffentlichkeit mit seinem Privatkredit nervt, aber kein Wort über die große Finanz- und Schuldenkrise verliert? Darin sah der *FAZ*-Herausgeber das Skandalon dieser Präsidentschaft. Der windige Kreditnehmer Wulff habe seinen »moralischen Kredit« verspielt, meinte Schirrmacher, der in seiner Polemik den moralisch-ökonomischen Doppelsinn von Kredit und Schulden ausreizte. Er bezog sich dabei ausdrücklich auf David Graebers »große Studie« *Debt: The First 5000*

Years, die nach einem *Spiegel*-Abdruck im November 2011 auch in Deutschland in aller Munde war.

Hinzu kam, platt gesagt, der Vorwurf der Vetternwirtschaft: »Dass das Staatsoberhaupt in Zeiten der Ökonomisierung von allem und jedem zwischen Freundschaft und Geschäftsbeziehung nicht zu unterscheiden« vermöge, dass er die »interesselose Freundschaft betont, wo es ihm nutzt, und sich gleichzeitig als interessantes Anlageobjekt für ebendiese Freunde empfiehlt, um deutlich zu machen, dass es eben keine freundschaftlichen Gründe waren, die Frau Geerkens leiteten« – das missbrauche »Begriffe sozialer Identität, die sich dem politischen und ökonomischen Zugriff jenseits von sizilianischen Patenbeziehungen bislang entzogen hat«.[267]

Natürlich wird eine Klage über quasi mafiöse Zustände nicht dadurch gegenstandslos, dass sie einer formuliert, von dem man jetzt auch nicht sicher weiß, ob er immer zwischen Freundschaft und Geschäftsbeziehung unterscheiden kann. Aber sie belegt das Offenkundige: Mit Skrupeln ist keine erfolgreiche Kampagne zu führen.

Schirrmacher hat sich bei Wulff nicht entschuldigt.[268] Das musste er vielleicht auch nicht, denn er hatte ja betont, dass nicht die Verfehlungen das Problem seien, sondern der Umgang mit den Vorwürfen. Aber was hielt er von Wulffs Buch? *Ganz unten Ganz oben* wurde am 10. Juni 2014 im Haus der Pressekonferenz vorgestellt. Schirrmacher beschaffte sich ein Exemplar und las es sofort. Es war eines der letzten Bücher, die er in seinem Leben las, wenn nicht das letzte. Hat es ihn nachdenklich gemacht? Am Nachmittag des 11. Juni schrieb er an den verantwortlichen Redakteur Volker Weidermann. »Frage ist, ob er (Stefan Niggemeier), vielleicht nicht zu lang, in der fas über wulffs buch schreibt.

Überlasse ich ihnen. Was da über die faz steht, ist absolut unwahr.«[269]

Es zeugt von einer liberalen Haltung, dass Schirrmacher Stefan Niggemeier selbst ins Gespräch brachte, er konnte ja ahnen, dass der Wulffs Kritik wenigstens in Teilen nachvollziehen würde. In seiner Rezension vom 24. Juni konzentrierte sich Niggemeier auf das Meuteverhalten der investigativen Medien, die Rolle der Meinungspresse ließ er offen. »Jeder Vorwurf, der nur eine Frage war, belastete Wulff in der öffentlichen Wahrnehmung mehr. Jede Nachricht, die mit den Worten begann ›Wulff-Anwalt dementiert‹, entlastete ihn nicht, sondern zementierte das Bild eines zwielichtigen Mannes.«[270]

Auch Schirrmacher hatte Zement geliefert und Wulff ironischerweise zu einem »Schicksal« mit verholfen, das diesem gefehlt hatte, als er für das Amt des Bundespräsidenten kandidierte und gegen den leidgeprüften DDR-Pfarrer Joachim Gauck antrat. Damals hatte Schirrmacher allerdings Wulffs Schicksalslosigkeit noch verteidigt. *Wie man ein verdammt guter Politiker wird*, hieß der erste Artikel, den Schirrmacher über Wulff schrieb. Er war eine witzige Adaption des Buches *Wie man einen verdammt guten Roman schreibt* von James N. Frey. Der Schriftsteller und Schreibschullehrer Frey hatte prägnant formuliert, was einen spannenden literarischen Charakter formt: Der Figur müssen ständig neue Hindernisse in den Weg gelegt werden. Und sie muss ein wenig widersprüchlich sein, sonst wird sie stereotyp. »Geben Sie Ihrer Figur Schuldgefühle, oder lassen Sie sie auch einmal scheitern.« Sie sollte schwere Sünden oder große Qualen oder große Leidenschaften ertragen haben. Alles in allem muss die Figur »ein Leben gehabt haben. Der Leser hat das deutliche Gefühl, dass sie längst da war, bevor der Roman begonnen hat.« So gesehen, folgert Schirrmacher, scheidet Wulff natürlich aus. »Aber nicht aus politischen, sondern aus literarischen Gründen. Der Mann hatte keinen Skandal, war nicht verhaltensauffällig, hat kein Amt im Stich gelassen, allenfalls ist er geschieden, was aber jeder Romanheld heutzutage ist.«[271]

Das war natürlich zynisch gemeint, denn die Literatur sollte eben gerade nicht der Maßstab ein, wenn ein hohes politisches Amt besetzt wird. Schirrmacher sah in Wulffs Schicksalslosigkeit eine Generation gespiegelt. Man kann denen, die im Frieden groß wurden, nicht vorwerfen, dass ihnen die Erfahrung des Krieges fehlt. Was man ihnen vorwerfen kann, ist Ideenlosigkeit. Nicht nach den ästhetischen Regeln des »Medienunterhaltungsromans« soll ein Politiker, ein Politikerin rekrutiert werden, sondern nach ihrem Gestaltungswillen und ihrer Gestaltungskraft. Aber hatte Wulff mit seiner Intervention zum Einwanderungsland Deutschland nicht genau dies versucht? Und war es dazu nicht völlig egal, ob er anderweitig verhaltensauffällig geworden ist oder nicht? Es ist die bittere Pointe der Affäre Wulff ist ja auch die: Zum Protagonisten in einem »Medienunterhaltungsroman« wurde er erst – durch die Medien. Streng nach James N. Frey waren Wulff durch *FAZ*, *Spiegel*, *Bild* und andere ständig neue Hindernisse in den Weg gelegt worden, hatte er Qualen erlitten und große Leidenschaften ertragen, hatte er mit anderen Worten nun »ein Leben«. Aber zu welchem Preis?

Für wie mächtig hielt Schirrmacher sich eigentlich selbst? Wie stark glaubte er, den Lauf der Politik lenken zu können? Es gibt Hinweise, dass er seine Möglichkeiten nicht gering schätzte. Als er um 2000 einmal mit ein paar Redakteuren im Borchardt zu Abend aß, verriet er, wem es die Republik zu verdanken habe, dass die Hauptstadtentscheidung im Juni 1991 zugunsten von Berlin gefallen war: ihm. »Er habe damals einen großen Artikel pro Berlin geschrieben, den habe Schäuble gelesen, und der sei ja dann das Zünglein an der Waage gewesen. So sah er die Kausalität«, erinnert sich einer der Redakteure, der mit am Tisch saß.[272] Den Artikel gibt es, er ist am 23. Mai 1991 erschienen und trägt den Titel *Der weiße Fleck*. Der weiße Fleck, das ist die »fehlende Hauptstadt«, die in der alten BRD als Begründung für deren kulturelle Provinzialität herhalten musste. Eine Hauptstadt Berlin würde damit Schluss machen, an kleinen Symptomen wie der Gründung des Rowohlt Berlin Verlags könne man schon ablesen, was »eine Aufgabe der Hauptstadt sein wird: Mitteleuropa zu einem Erfahrungsbegriff zu machen«,[273] argumentierte Schirrmacher.

Kann schon sein, dass Schäuble den Artikel gelesen hat; in sein legendäres Plädoyer für Berlin am 20. Juni 1991 ist er allerdings nicht erkennbar eingeflossen. Es sei denn, man liest Schäubles allgemeine Hinweise auf »Europa« als Vulgata der subtilen Argumentation Schirrmachers. Meinungsbildung ist ein komplexer Prozess. Erweckungserlebnisse durch Leitartikel und Kulturaufmacher sind nicht überliefert.

Aber was ist eigentlich eine Debatte?

Am 30. Juni 2006 erschien im *FAZ*-Feuilleton eine Glosse, die Schirrmacher einfach interessieren musste. Es ging um ein neues Rekrutierungsspiel der US Army. Schirrmacher war selbst ein passionierter Gamer,[274] und er hatte früher als die meisten anderen über Videospiele geschrieben. »Wer diese Spiele nicht ernst nimmt, ist ein Spielverderber«, schrieb er 1985.[275] Nun konnte er in dieser Glosse lesen, dass der Spieler bei diesem neuen Kriegsspiel nicht mehr durch den Staub robbt, sondern im Hightech-Waffenverbund so agiert, dass er fast automatisch zu den Siegern zählt, was wiederum die Gamer, die das Spiel schon gespielt haben, verstimmt. Das Spiel vermittelt nicht nur einen Vorgeschmack auf die Kriege der Zukunft, es gibt auch Hinweise auf die Psyche des Spielers und das Wesen des Spiels: Ein Spiel, in dem man nur gewinnen kann, ist keines.

Aber das war es offenkundig nicht, was Schirrmacher durch den Kopf ging, als er durch den Korridor eilte, um dem Autor der Glosse seine Begeisterung mitzuteilen. »Sehr gut, der Wendehammer«, sagt Schirrmacher, »der Nachbarsjunge. Genau so war ich!«[276] Sein Gegenüber war baff. Die Glosse kreiste um die schmerzhafte Erinnerung an eine Jugend in einem Ort namens Wendehammer. In der Freizeit hatten die Jungs Cowboy und Indianer gespielt, meist mit Pfeil und Bogen, einer Knallpistole, höchstens mal ein Walkie-Talkie. »Eines Tages allerdings verstieß dieser ältere Nachbarsjunge, der schon zwölf oder dreizehn war, gegen alle Konventionen und setzte ohne Vorwarnung Atomwaffen ein. Das lag natürlich in der Luft, schließlich waren es die Jahre von Pershing 2 und SS-20. Aber wir zarteren Gemüter waren auf Waffen dieses Kalibers nicht vorbereitet und außerdem schockiert von der Regieanweisung, wir müssten jetzt ›in Staub zerfallen‹, anstatt uns wie üblich theatralisch im Gras zu wälzen. Als ich heulend nach Hause floh, überredeten mich meine Eltern, einen Beschwerdebrief an Helmut Kohl aufzusetzen.«[277]

Als Schirrmacher sagte »der Nachbarsjunge, das war ich«, hätte er hinzufügen können: Und ich bin es immer noch. Denn das überraschende Bekenntnis, wie dieser Junge gewesen zu sein, wiederholt etwas vom überwältigenden Akt des Jugendlichen. Was antwortet man da? Zumal wenn man als fester freier Mitarbeiter ganz unten in der Hierarchie steht? Weit über die Redaktion hinaus scheint dieses Überrumpeln – als Steigerungsform des Überraschens – für den öffentlichen Schirrmacher typisch gewesen zu sein. Besonders auf der Frankfurter Buchmesse ist er damit auffällig geworden. Nils Minkmar erinnerte im *Spiegel* daran: »Frank Schirrmacher dachte sich immer kleine Gags aus, um die Sache interessanter zu gestalten. In einem Jahr begann er, egal, wen er traf, immer mit der gleichen Redewendung: ›So schnell schießen die Preußen nicht‹ und wartete, was passiert. Kaum einer hakte nach und fragte, was er damit sagen wollte.«[278]

Auch eine Passage in Rainald Goetz' Prosaband *loslabern* handelt von einem solchen Spielchen auf der Messe. Zwar waren Goetz und Schirrmacher in inniger Feindschaft verbunden, aber es lässt sich nun einmal kaum vermeiden, dass sich zwei Kulturschaffende, die einander nicht ausstehen können, auf einer Veranstaltung begegnen. Das ist unangenehm, aber mit der Zeit lernt man, damit umzugehen. Man kann zum Beispiel die unmögliche Person so freundlich grüßen, dass diese es als Hohn empfinden muss. Als Rainald Goetz nun beim Herbstempfang der *FAZ* plötzlich vor Schirrmacher steht, wählt der eine andere Technik. Schirrmacher macht ein »Witzchen«: »Sie haben sich hier bestimmt eingeschlichen, Herr Goetz«, und wiederholt dieses »eine kleine Scherzchen, das ein anderer Mensch einmal gemacht und angedeutet oder auch gleich ganz übergangen hätte, aber bei Schirrmacher gibt es alles nur in XX-Large und ultrafett und riesengroß«. Goetz, der bei einer früheren Begegnung von Schirrmacher als »Frau Koelbl« veralbert wurde, kennt diesen Witzchenzwang schon. Gleichwohl erstaunt es ihn, dass Schirrmacher nicht einfach sagt: »Wir haben Streit, Herr Goetz, gut, dass ich Sie hier mal treffe.«

Schirrmacher mit einem Scherz zu antworten, gelingt Goetz also nicht. Aber er macht etwas anderes. Er langt in sein Jackett und holt die Einladungskarte hervor. Er nimmt also den Scherzenden beim Wort, und das wiederum überrumpelt Schirrmacher: »Schirrmacher schaute darauf, anstatt mit einem lässigen Gegenscherz hatte ich mit einem Dokument geantwortet, mit Wahrheit schlechthin, das musste er erstmal irgendwo wegstecken, das sah ich, das irritierte ihn, nicht dass ich mich nicht eingeschlichen hatte, sondern dass ich so banal, so simpel und aufrichtig geantwortet hatte.« Und als wäre »in Schirrmachers Kopf ein Schalter umgelegt worden«, kommt es nun zu einem intensiven Gespräch über die Rolle des Feuilletons und die Macht des Herausgebers. Ein Gespräch, und das ist die beste Pointe dieser Passage, das von Goetz abgebrochen wurde, weil es ihm zu viel wurde: »Bitte, gehen Sie, das fand er natürlich völlig irre, Sie wollen mich hier auf meiner eigenen Party des Platzes verweisen usw.«[279]

Goetz hatte also »den Schalter« umgelegt. Damit verlor er zwar ein Spielchen, aber er gewann ein Gespräch. Funktionierten nach diesem Modell auch die Debatten, die Schirrmacher anzettelte? Folgte dem Coup des Erregungstechnikers die Erkenntnis für alle? Dass Schirrmachers Debatten mit einer Überrumpelung einsetzen konnten, ist offenkundig: der offene Brief an Martin Walser über sein noch gar nicht veröffentlichtes Buch. Das Interview mit Grass über die SS. Die mit betriebene Publikmachung des privaten Anrufes von Wulff an Diekmann. Und wo es Überrumpelung nicht ganz trifft, ist doch immer etwas Überwältigendes im Spiel.

Sinnfällig wurde das am 27. Juni 2000. An diesem Tag erschien die wohl berühmteste Ausgabe der *FAZ*, in der nach landläufigem Urteil ein paar prosaische Zeitungsseiten zu einem Kunststück wurden. Vorgearbeitet hatte auch diesem Coup das Laboratorium der *Berliner Seiten*. Zu Weihnachten 1999 hatte Schirrmacher die pfiffige Idee, die Leser mit ihrem Essverhalten zu konfrontieren. Unter dem Titel *Was bleibt?* ließ er eine ganze Seite Nährwerte nachdrucken, von zwanzig Gramm Aachner Printen bis zu einem Stück Zwiebelkuchen.[280]

Ein halbes Jahr später dann also eine Ausgabe der *FAZ*, in der das Feuilleton fast nur aus vielen tausend Kombinationen der Buchstaben A, T, G und C bestand. Kombinationen, die keinen Sinn ergaben, aber die »größte wissenschaftliche Sensation unserer Zeit«[281] symbolisieren sollen; die Entschlüsselung der letzten Sequenz des menschlichen Genoms durch die Firma Celera Corporation des Schirrmacher-Freundes Craig Venter. Die Leser sollten an diesem Tag nicht weniger als ein paar Seiten aus dem »Schlusskapitel im Buch des Lebens« sehen. Überschrieben war die erste Seite mit einer Zeile, die an Alan Ginsbergs Prophetie erinnert: »Ich sah vor mir die Anfänge einer Grammatik der Biologie.« Wie man diese Grammatik für ein Laienpublikum übersetzen kann und inwiefern Hans Blumenbergs Metaphorologie, seine Rede von der Lesbarkeit der Welt, dabei eher hilfreich oder eher verschleiernd wirkt, oder was die Gensequenzierung genau bedeutet: Solche Fragen konnte man später stellen. Jetzt zählte der Eindruck, dass sich gerade etwas Ungeheuerliches ereignet hatte. Der Mensch war lesbar geworden, er wird modulierbar und manipulierbar. Diesem ungeheuerlichen Gefühl musste man einen Ausdruck geben. Verstehen kam später. Immerhin, eine Ahnung von den zugleich verheißungsvollen und ungeheuerlichen neuen Möglichkeiten von Wissenschaft und Medizin vermittelte Craig Venter in einem kleinen Artikel auf der zweiten Seite des Feuilletons, der wie eine Insel aus dem Meer der ACAAA-GCATT-GAGGA-Sequenzen ragte, die sich über sechs Seiten ausbreiteten.

Den Versuch, das Undarstellbare sinnlich erfahrbar zu machen, das ist, was man die Ästhetik des Erhabenen nennt. Schirrmacher hat versucht, die Ästhetik des Erhabenen auf Zeitungsformat zu bringen. Er, der immer Grenzen sprengen wollte, hat das Feuilleton an seine Grenze gebracht. Es war ein letzter Höhepunkt, bevor es vom digitalen Wandel erfasst wurde.

Die Ausgabe wurde in der Redaktionskonferenz kontrovers diskutiert. Neben Begeisterung kam Kritik nicht nur vom Redakteur für Wissen, Konrad Adam, sondern auch vom Feuilletonchef Ulrich Raulff, der den Ansatz unseriös fand, obwohl er doch selbst auf den »Effekt des Staunens aus war«, wie es ein Kollege formuliert.[282] Aber sein Publikum zum Staunen bringen und es überwältigen ist eben nicht das Gleiche. Man kann Schirrmachers Erregungstechniken auch in ästhetischen Kategorien fassen. Nun ist das Erhabene primär eine Kategorie der visuellen Künste, man denke an den berühmten *Mönch am Meer* von Caspar David Friedrich oder Barnett Newmans Zyklus *Now,* aber Überwältigung als kulturelle Praxis findet traditionellerweise natürlich auch im Theater statt. Wenn man über Schirrmachers Debattenkunst spricht, liegt der Vergleich zur Bühne nahe. Zwar zeigte Schirrmacher kein erkennbares Interesse an der Bühnenkunst, wie ihm überhaupt das Sparten- oder Rezensionsfeuilleton ein lästiges Übel schien. Aber es ist keine Plattitüde, wenn es in einem Nachruf heißt, dass »sein Feuilleton eine Bühne« war.[283] Mit der Bühnenmetapher verbindet sich neben dem spektakulären Auftritt das Spielerische, das seine Auftritte begleitete, und last but not least das Blendwerk, das man mit seinen Debatten verband. Aber trägt die Analogie noch, wenn man nach der Wirkung fragt? Das Drama verfolgt kathartische Absichten. Der Zuschauer soll – je nach Lesart der einschlägigen Schriften – entweder von Affekten oder durch Affekte gereinigt werden, die man als Jammer und Schaudern übersetzt hat.

Eine ähnliche Absicht erkennt man auch in der Ästhetik des Erhabenen. Schauder empfindet der Mensch, wenn ihn etwas Großes zu vernichten droht. Zugleich befindet er sich doch so in Sicherheit, dass ihn das Gefühl dieser Größe wiederum in seiner Sittlichkeit stärkt. Gibt es Vergleichbares in einer Debatte? Stehen am Ende eines nervenaufreibenden Schlagabtauschs Moral und Einsicht? Oder steht da einfach die nächste Debatte, in der das Spiel von Neuem beginnt? Gleichwie kann man festhalten, dass eine Schirrmachersche Debatte nicht nach dem Ideal des herrschaftsfreien Diskurses abläuft, in der nach Jürgen Habermas der »zwanglose Zwang des besseren Arguments« herrscht. Ein solcher Diskurs schien Schirrmacher zu langweilen. Nachdenklichkeit, Zweifel, »Vorschläge machen« – nie waren es diese *soft skills* der Gesprächsführung, die einem Gesprächspartner einfielen, wenn ich ihn nach Schirrmachers Stärken fragte. »Schirrmacher agierte aus einer mephistophelischen Weise heraus. Kritik in dieser diskursiven Weise, Habermas, das konnte er nicht ernst nehmen. Wo kein Schmerz ist, kommt keine Wahrheit heraus«, bringt es der Kritiker und Publizist Hans Hütt auf den Punkt.[284] Schwarze Pädagogik also. Bevor Einsichten gewonnen werden können, muss die Bereitschaft dazu erzwungen werden. Empörung und Erregung gehen dem Argument voran. Wer sich nicht aufregt, wird nicht angeregt. Nach diesem Muster funktionierte der Historikerstreit, den Joachim Fest angezettelt hatte, und so funktionierten die Debatten, die Schirrmacher anstieß. Erst die Bombe zünden, dann die Trümmer neu zusammensetzen. Oder auch: Erst einen dicken Brocken in den Teich werfen, so dass es spritzt und Wellen gibt, dann werden die Wellen kleiner und kleiner, bis die Wasserfläche wieder glatt ist und ein neuer Stein geworfen werden muss. Denn da ist: die Langweile.

Schirrmacher sprach natürlich weder von Bomben noch von Steinen. Er sprach von Setzungen. »Setzung war eines seiner Lieblingswörter«, sagt Patrick Bahners.[285] ›Martin Walser ist ein Antisemit‹, ist so eine Setzung. Vielleicht ist Walser irgendwann einmal kein Antisemit mehr, weil eine andere Setzung vorgenommen wurde (›Walser ist der größte lebende Schriftsteller‹). Aber offenbar tangierte es ihn nicht, wenn man auf Widersprüchliches hinwies. Über gewisse intellektuelle Standards setzte er sich einfach hinweg. Das ging umso leichter, als aus seiner Unbekümmertheit eine nie versiegenden Neugierde und eine überragende hermeneutische Begabung sprachen. »Ich stelle mir Frank Schirrmacher weniger als jemanden vor, der einen festen Standpunkt hat, als mehr als jemanden, der den unterschwelligen Trieben und Energien Ausdruck verleiht. Er schien diese Triebe in sich selbst auch auszutragen«, meint Bahners.[286]

Sorglos war Schirrmacher offenkundig auch, was Übertreibungen betraf. Es verhält sich mit seinem Alarmismus wie mit einem Störgeräusch bei einer höchst interessanten Radiosendung. Manchmal gelingt es, das Geräusch auszublenden. Es kann aber auch passieren, dass einen das Geräusch so nervt, dass die Aufmerksamkeit für die Sendung selbst weg ist. Muss jetzt schon wieder ein Untergang verkündet werden? Welcher, war dann schon egal. Offensichtlich verstanden viele diesen Alarmismus als Kröte, die es zu schlucken galt, wenn man die auf- und anregende Debatte wollte. Immer mehr wurde der alarmistische Ton zudem als Ausdruck einer großen Sorge (vor der Überalterung der Gesellschaft, vor Google, überhaupt vor dem Schicksal des Menschen) verstanden.[287] Geradezu dialektisch formulierte Gabor Steingart in seinem Nachruf: »Sein Alarmismus war die Inspiration unserer Generation.«[288]

Vom Alarmismus zur Panikmache ist es nur ein kleiner Schritt. Panik verbreitet nur, wer selbst in Panik geraten ist. Als Schirrmacher im Winter 2010 erfuhr, dass sein Feuilletonchef Bahners (der auf Raulff gefolgt war) ein Buch mit ebendiesem polemischen Titel – *Die Panikmacher* – auf den Markt bringen würde, besorgte er sich die Fahnen.[289]

Drohte Ungemach? Und tatsächlich hatte Bahners in seinem Buch, das den Untertitel »Die deutsche Angst vor dem Islam« trägt, zwar nicht Schirrmacher selbst, aber namentlich den von Schirrmacher damals noch protegierten Thilo Sarrazin mit seinem Buch *Deutschland schafft sich ab* zu einem solchen Panikmacher erklärt. Als Bahners' Buch im Januar 2011 erschien, ließ Schirrmacher dann den darin angegriffenen Sarrazin eine Verteidigung schreiben, was als Affront verstanden werden musste, zumal ungewöhnlich war, dass ein Buch eines *FAZ*-Redakteurs im eigenen Haus überhaupt besprochen wurde. Aber weder war der Vorabdruck der *Panikmacher*, der zwischen den Jahren erschien, von Bahners ohne Wissen des Chefs selbst ins Blatt gehievt worden, wie geraunt wurde, noch hatte dessen Ablösung als Feuilletonchef (Nils Minkmar folgte ihm) irgendetwas mit dem Buch zu tun.

Ganz im Gegenteil: Schirrmacher selbst hatte angeregt, *Die Panikmacher* zum Anlass einer großen Debatte zu machen und viele Texte zum Thema im Blatt zu bringen. Schirrmacher wollte hier nach dem Muster der Wirkweise seiner eigenen Bücher verfahren. Patrick Bahners, der kein Erregungstechniker ist, wollte das nicht.

Schließlich gehört das Gerede von Größe und Bedeutsamkeit zu den Topoi der Kritik an Schirrmachers Stil. »Er hat es gern groß: ›Großer Gestalter‹, ›große Zeit‹, ›einer der großen Abschiede von der alten Bundesrepublik‹. Größer als groß ist nur das Größte: ›Joseph Brodsky war der größte Dichter unserer Zeit‹, schreibt er in einem ozeanisch bewegten Nachruf auf den russisch-amerikanischen Lyriker (›Wir protestieren gegen diesen Tod‹)«[290], fängt der *Spiegel*-Artikel von 1996 an. Zwar hatte Jan Fleischhauer den Artikel geschrieben, aber der Einstieg stammte von Mathias Schreiber, der ihn beim Redigieren hinzugefügt hatte. Die Größe, die Schreiber hier der Häme anheimgab, prägte Schirrmachers Stil zeitweise so stark, dass man versucht ist zu sagen: Die Rhetorik ist der Effekt eines mächtigen Wunsches, der nicht der Sache, sondern der Psyche des Wünschenden entspringt. Was nervte, war ja nicht das überlegte Urteil, das tatsächlich keinen anderen Schluss zuließ, als auf Größe zu plädieren, sondern die Häufigkeit, mit der diese Größe behauptet wurde. Das Skandalon lag im inflationären Gebrauch eines Prädikats, das nur für Ausnahmen vorgesehen war.

In der konservativen Geschichtsschreibung ist die Frage nach der Größe ja keine akzidentelle. Sie steht seit Ranke im Zentrum der Beurteilung eines Staatsmannes, und noch Joachim Fest arbeitete sich an der Frage ab, ob man Hitler »groß« nennen dürfe.[291] Indem Schirrmacher mal dieses und mal jenes für groß erklärte, zerstörte er, der vermeintlich Konservative, die Grundlagen der konservativen Geschichtsschreibung, kein Wunder also, dass sein Feuilleton gerade von dieser Seite angegriffen wurde. Wer so oft von Größe sprach wie Schirrmacher, lief Gefahr, lächerlich zu werden. Man muss ja einfach nur wie Mathias Schreiber ein paar Zitate aneinanderreihen. Offensichtlich störte Schirrmacher auch das nicht. Der Erfolg gab ihm ja recht.

Aber was heißt das? Woran bemisst sich der Erfolg einer Debatte? Ein Idealist würde vielleicht antworten, dass eine Debatte erfolgreich ist, wenn in der Gesellschaft das Bewusstsein für ein Problem spürbar zugenommen hat. Hat der Antisemitismus in der Gesellschaft nach Schirrmachers Intervention gegen Martin Walser abgenommen? Wurde die

Rentensicherung nach dem *Methusalem-Komplott* verbessert? Oder haben wir uns dann doch einfach nur gut unterhalten? So fragt der Skeptiker. Noch einfacher hat es der Zyniker. Er hält Erfolg für messbar. Man muss nur zählen, wie oft einer zitiert wird. Und von wem. Und wo. Zitierung ist symbolisches Kapital. Anders als in Frankreich ist der Erwerb oder Verlust von symbolischem Kapital in Deutschland kein fester Bestandteil der Betriebsbeobachtung. Dabei konnte sich bis vor ein paar Jahren jeder, den es interessierte, einen groben Überblick über die Kurswerte von Debattenteilnehmern verschaffen. 2006 veröffentlichte die Zeitschrift *Cicero* zum ersten Mal die »Liste der 500 wichtigsten deutschen Intellektuellen«. Erstellt wurde sie nach einer Methode des »Ranking-Experten Max A. Höfer«, die vereinfacht gesprochen auf der Zitierung eines *public intellectuals* durch andere *public intellectuals* beruhte. »Wichtigkeit« bildet sich im Unterschied zur »Größe« nicht durch einen aufwendigen hermeneutischen Akt, sondern wie von selbst. Genau umgekehrt zu dieser Quasi-Objektivität verhält sich die Reputation des Rankings. Die *Cicero*-Liste gehörte in den Jahren ihrer Existenz zur Schmuddelware des deutschen Feuilletons. Jeder las sie, keiner sprach darüber. Jedenfalls nicht »ernsthaft«.

Und so wissen wir also nicht, ob Frank Schirrmacher mit seiner Platzierung zufrieden war. Es darf aber bezweifelt werden. 2006 lag er nämlich »nur« auf dem 18. Platz, und noch schlimmer: Direkt vor ihm standen die Namen Hans-Olaf Henkel und Stefan Aust.[292]

2007 stagnierte er auf dem 18. Platz, immerhin konnte er Aust hinter sich lassen.[293] Er war nun der wichtigste männliche Journalist. Aber Alice Schwarzer lag weit vor ihm! Und sie blieb auch uneinholbar, als Schirrmacher es bei der dritten Folge des Rankings 2012/13 endlich unter die Top-Ten geschafft hatte.[294]

Dass Schirrmacher nicht weiter kam, hat einen guten Grund. Dominiert wurde die Liste in jenen Jahren nicht von männlichen oder weiblichen Publizisten, sondern von Großschriftstellern. So lagen 2012/13 mit Günter Grass, Peter Handke und Martin Walser gleich drei Schriftsteller auf den ersten drei Plätzen. Publizisten zitierten damals eben noch häufiger Schriftsteller, als Schriftsteller Publizisten zitierten. Schirrmacher profitierte lange von diesem Machtgefälle.

Wenn man so will, schrieb er sozusagen an den großen Schriftstellern und ihren Verfehlungen entlang: Christa Wolf und die Stasi, Martin Walser und der Antisemitismus, Günter Grass und die SS. Grass ist dabei der Letzte in der Reihe. Schirrmacher schrieb zum Geständnis von dessen SS-Mitgliedschaft: »Es ist eine zeitgeschichtliche Pointe, wie kein Romanschriftsteller sie sich ausdenken könnte, dass die große Nachkriegserzählung der Deutschen von Schuld und Scham, die Galerie der Täter, der Verstrickten und Mitläufer, jetzt – denn es ist jetzt wohl das Ende – mit Günter Grass und seinem Eingeständnis endet.«[295]

Schirrmacher hatte an dieser Nachkriegserzählung mitgeschrieben, persönliches Temperament und Zeitgeschichte waren einmal mehr glücklich zusammengefallen. Aber der war nun vorbei und die neue Erzählung da. Natürlich hat sich Schirrmacher dem Internet zugewandt, weil er darin – zu Recht – das in Deutschland sträflich vernachlässigte Megathema erkannt hatte. Auffällig aber ist eine Koinzidenz: Das Internet interessierte Schirrmacher schon lange, zum Thema für den Erregungstechniker wurde es in dem Moment, in dem die Großschriftsteller hoffnungslos an Bedeutung verloren hatten. An Bedeutung verloren hatten sie einerseits, weil sie zum Internet nichts zu sagen hatten. Und andererseits, weil das Internet sie tendenziell zum Verschwinden brachte.

Der lange Abschied vom Gestern

2009 erscheint Frank Schirrmachers Buch *Payback*. Im März 2010 steht es auf der Nominierungsliste des Leipziger Buchpreises in der Kategorie Sachbuch. Den Preis in dieser Kategorie gewinnt allerdings ein anderes Buch: ausgerechnet *Kreis ohne Meister. Stefan Georges Nachleben*, geschrieben von Schirrmachers ehemaligem Feuilletonchef Ulrich Raulff. Auf den ersten Blick scheinen zwischen den beiden Titeln zwei Welten zu liegen, die alte und die neue. Gewiss, der George-Kreis hatte das Geistesleben der BRD tief beeinflusst, darauf kann man gar nicht genug hinweisen, aber war diese Epoche nun nicht doch zu Ende? Auch für Schirrmacher, der mit seiner Hinwendung zur digitalen Welt die Zeitenwende ja fast zu verkörpern schien? Doch eine solche Sichtweise greift zu kurz. Subkutan wirkten die alten Prägungen weiter: von *Payback* zu *Stefan Georges Nachleben* ist es kein so weiter Weg, wie es scheinen mag. Schirrmacher hatte nämlich einen neuen Kreis mit einem neuen, zeitgemäßen Meister gefunden: den Literaturagenten John Brockman und dessen Autoren.

Kennengelernt hatten sich die beiden schon im Frühjahr 2000, der Verleger Hubert Burda hatte Schirrmacher mit Brockman bekannt gemacht.[296] Schirrmacher lernte eine höchst charismatische Figur kennen. Ursprünglich war

Brockman in der Finanzbranche tätig gewesen, tauchte dann aber in die popkulturelle Welt Andy Warhols ein und lernte in Harvard und Kalifornien die ersten Computerfreaks kennen. Schließlich wurde Brockman, der sich gern in scharfen Schwarzweißkontrasten und mit Hut fotografieren lässt, zum Propheten der »dritten Kultur«, die sich weder den Natur- noch den Geisteswissenschaften zuordnen wollten.[297] Unter seinen Autoren befinden sich Evolutionsbiologen wie Richard Dawkins und Steven Pinker, die Anthropologin Helen Fisher, der Soziologe Anthony Giddens und viele mehr. Ihr Kreis heißt »Edge«, wie die Website, die man um 2000 einen »Internetsalon« nannte.

Berühmt wurde dieser Salon durch ein ebenso simples wie wirkungsvolles *tool*. Im Stile der Preisfragen der französischen Akademie stellt Brockman zu Beginn eines Jahres eine große Frage an die Mitglieder. 2010 lautet diese Frage: »Wie verändern Internet und vernetzte Computer die Art, wie wir denken?«

Anfang Januar informiert Frank Schirrmacher die Leser und Leserinnen seines Feuilletons, dass eine Auswahl der Antworten in seiner Zeitung abgedruckt werden.[298] Zum ersten Mal wird so seine Zusammenarbeit mit Brockman öffentlich. Bis zum Schluss lässt Schirrmacher sein Feuilleton mit Autoren des Agenten bespielen. Steven Pinker, David Gelernter, Shoshana Zuboff oder Gerd Gigerenzer und nicht zuletzt der Friedenspreisträger des deutschen Buchhandels von 2014, Jaron Lanier, werden nun auch *FAZ*-Lesern vertraut.

Sie und viele weitere Personen wurden Teil eines gigantischen Netzwerks, in dem Freundschaft und Arbeitsbeziehung, Inspiration und Materialbeschaffung, Gabe und Geschäft zu einer gewaltigen, rastlosen Aktivität verschmolzen.

Die informale Ebene dehnte sich für Schirrmacher immer weiter aus, und mit ihr franste auch das aus, was Debatte hieß. War eine Zeitung noch der richtige Ort, um sie zu führen? Aber wo anders sollte man sich mit den großen Fragen der Zeit auseinandersetzen, wenn nicht hier? Wo konnte man einen Schritt aus der digitalen Welt zurücktreten, wenn nicht im Feuilleton der Zeitung? So liefen die Dinge gleichzeitig. Da war der Twitterer Schirrmacher, der von seinem ersten Tweet am 22. Oktober 2012 (über das Sommerloch und die Wahlforscher) bis zu seinem letzten am 11. April 2014 (über die verheerende Bilanz des Krieges gegen den Terror) 1887 Tweets schrieb, die zuletzt an 34 800 Follower gingen. Und da war weiterhin der Zeitungsmann Schirrmacher, der auch in seinen Online-Aktivitäten auf wichtige Zeitungsartikel verwies, sein letzter Tweet über die Bilanz des Terrors verlinkte auf den *Guardian*.[299]

Schirrmacher hat einiges versucht, um »Print und Online« zu verzahnen, wie es im Branchenjargon hieß. Ein Plan dazu fehlte ihm, vielleicht fehlte er ihm auch nicht, aber ganz sicher fehlten ihm die Möglichkeiten, ihn in der *FAZ* umzusetzen.[300] Immer heftiger klagte er gegenüber seinen Vertrauten, dass der Sparzwang seine Zeitung konservativer gemacht habe. Gespart wurde bei dem, was als entbehrlich galt. »Das Feuilleton wurde nicht als der Markenkern wahrgenommen. Das ärgerte ihn«, sagt Dirk Schümer.[301] Auf der anderen Seite hatte Schirrmacher den Eindruck, dass in seinem Haus die digitale Herausforderung nicht verstanden wurde. Das musste nicht einmal am bösen Willen Einzelner liegen, aber die *FAZ* hat nun einmal ihre Instanzen. Über den Herausgebern steht der Geschäftsführer. Und über dem Geschäftsführer die *FAZ*-Stiftung.

Diese Unzufriedenheit heizte Gerüchte an, Schirrmacher

könne die *FAZ* entweder verlassen oder an einen internetaffinen Konkurrenten verscherbeln, was natürlich gar nicht in seiner Macht gelegen hätte.[302] Man kann Frank Schirrmacher nicht verstehen ohne die Mythen, Gerüchte, Legenden und Lügen *über* ihn, aber eben auch nicht ohne die, die er selbst in die Welt gesetzt hat. Manchmal floss beides zusammen: Schirrmacher sprach davon, dass er etwas Neues brauche, in die Politik gehen wolle oder in die Wirtschaft. »Aber was er da genau tun wollte, das hat er nie gesagt. Das war ein bisschen geheimnisvoll«, sagt ein Freund.[303]

Sein Sendungsbewusstsein galt nun der digitalen Herausforderung. Du meinst, es reicht schon, wenn dir von Ratgebern empfohlen wird, das Handy auch mal auszuschalten? Wie naiv! »Wir brauchen eine zweite Alphabetisierung für die Sprache und Codes des Internets.«[304] Du meinst, Google versucht nur, unsere Fragen zu beantworten? Wie putzig! Der Informationskapitalismus verspricht »Antworten auf Fragen zu finden, die man sich selbst noch gar nicht gestellt hat«.[305] Wo fängt in diesem Denken Schirrmachers die Science Fiction an und wo hört die Analyse auf? Die Genres vermischten sich. »Einen vom Blessing Verlag fälschlicherweise als Sachbuch beworbenen Science-Fiction-Roman«, nannte Cornelius Tittel Schirrmachers Buch *Ego. Spiel des Lebens* maliziös.[306] Tittel schrieb seinen Verriss in der *Welt*, dem Organ also, über das Schirrmachers Freund Mathias Döpfner wacht, der aber schützte seinen Autor vor den Angriffen des Angegriffenen.[307]

Dabei kann niemand ernsthaft bezweifeln, dass Schirrmacher in Deutschland eine breite Öffentlichkeit für die enormen Gefahren und tiefen Veränderungen durch die digitale Welt überhaupt erst sensibilisiert hat. Unter einem »Algorithmus« würde diese Öffentlichkeit ohne ihn bis heute noch weniger verstehen. Aber freilich ist da immer wieder die Kluft zwischen Einsicht und Konsequenz. Dazu ein Beispiel: Man verschlüsselt seine digitale Kommunikation nicht. Die Cryptophone, zu denen Frank Schirrmacher Mathias Döpfner überredete, nachdem er selbst vom Chaos Computer Club überzeugt worden war, liegen bis heute unausgepackt in einer Ecke des Axel-Springer-Hochhauses.[308]

Dieses laxe Verhältnis zu den Gefahren des Internet treibt Schirrmacher an. Aber es gibt noch eine andere Ebene. Das Internet ist grenzenlos, es ist eine große Beziehungsmaschine, und es ist Wunschmaschine und Angstmaschine zugleich: Das alles kommt Schirrmachers Stil enorm entgegen. Von den frühen 1980er Jahren an, als er panische Angst vor Aids hatte,[309] bis zu seinen letzten Jahren, als er fürchtete, von den neuen Technologien gelesen und durchschaut zu werden,[310] schlossen sich seine Idiosynkrasien immer wieder mit dem Zeitgeist kurz. Dazwischen – und das ist hier relativ exakt gemeint, nämlich 2003 – steht ein Satz von Schirrmacher, den man durchaus selbstironisch verstehen kann: »Jede Phobie ernährt einen Therapeuten und einen Verlag.«[311] Er steht in einem Artikel, in dem Schirrmacher eine Liste mit Phobien erklärt, die er auf zwei Seiten der *FAZ* abdruckte; eines seiner tollen Spiele im Feuilleton. Erstellt hat die Liste ein Fredd Culbertson, sie zirkuliert bis heute frei im Netz und versammelt 400 Phobien. Darunter so quälende Ängste wie die Bibliophobia (Angst vor Büchern) und die Logiozomechanophobie (die Angst vor Computern). Und sie zeigt, wie kreativ der Umgang mit seinen Ängsten sein kann, wenn man nicht gerade unter der »Ideophobia« leidet, also unter der Angst vor Ideen.[312]

Diese Angst hatte Schirrmacher nun nicht. Sein produktiver Umgang mit der Angst vervollständigt das Bild vom

»Erregungstechniker schlechthin« (Jens Jessen). Es ist schier unmöglich, Schirrmachers enorme Aktivität der letzten Jahre mit den konventionellen Mitteln der Darstellung gerecht zu werden. Es ist eine Aktivität, die ihm buchstäblich den Schlaf raubte, von vier, fünf Stunden Schlaf ist die Rede, und die ihn zusehends um seine Gesundheit brachte. Viele sahen es, offenbar konnte ihn keiner bremsen, auch seine Freunde und Nächsten nicht, selbst dann noch nicht, als er bei seiner letzten Italienreise Anfang Juni 2014 beim Besteigen der Spanischen Treppe in Rom in Atemnot geriet.[313]

Und auch wenn sich leicht weiter solche Genreszenen erzählen lassen: Der realistische Balzac'sche »Roman«, den die frühen und mittleren Jahre fast von selbst schrieben, kommt in dieser großen Verschwendung und Erschöpfung an seine Grenzen. Wo man beim Aufstieg noch an einen Kometen denken konnte, so muss man sich angesichts eines enormen Netzwerks von Gedanken und Menschen nun eher eine Galaxie vor Augen führen. Eher als der Romancier wäre hier der Astronom gefragt. Annäherungsweise: Eine Galaxie besteht vor allem auch aus Sternen, von denen einige in diesem Fall besonders hell leuchten (Hans Magnus Enzensberger, Evgeny Morozow), andere winzig klein scheinen (ich, zwei E-Mails, der Publizist Alan Posener, eine E-Mail, bestehend aus einem Wort: »Think!«[314]), und während ein Großteil dieser Sterne für den ungeübten Beobachter nur einen diffusen Nebel bilden (die Nerds, der Chaos Computer Club), sind andere in Wahrheit schon lange verloschen, obwohl wir sie noch leuchten sehen (Graf Stauffenberg). Dann gibt es in einer Galaxie natürlich die Sonnensysteme (die Ernst-Jünger-Philologie, die Chefredakteure der anderen Zeitungen, die eigenen Redakteure, die eigenen Redakteurinnen, die Sekretärinnen, die Hirnforscher, die Informatiker, alle amerikanischen Autoren, die ihm der Agent John Brockman vermittelt hatte). Es gibt Gase und Staub (Namen zu nennen verbietet sich), und vermutlich gibt es auch dunkle Materie (John Brockman, Egon Krenz).

Ja, Egon Krenz. Der Austausch, den Schirrmacher mit dem letzten Staatsratsvorsitzenden der *DDR* pflegte, überraschte mich in seinem Umfang bei meinen Recherchen dann doch. Zwar ist bekannt, dass Schirrmacher ideologisch nicht besonders festgelegt war. Er hat Helmut Kohl fallengelassen, als Gerhard Schröder sich aufmachte, die Kanzlerschaft zu übernehmen, er hat Sahra Wagenknecht zu einem Artikel über *Faust II* animiert, in dem Goethe als früher Kapitalismuskritiker firmiert – »Es war die sich ankündigende Diktatur der Märkte und des Profits, die der Dichter als existentielle Bedrohung empfand«[315] –, und er hat sich in der Finanzkrise zu dem Bekenntnis hinreißen lassen, er beginne zu glauben, dass »die Linke recht hat«.[316]

Das alles wusste ich. Das alles stand in der Tradition des Feuilletons der *FAZ*, das sich immer Ausschläge nach links geleistet hat, ja leisten musste, um den erwünschten provokativen Kontrapunkt zum konservativen Rest der Zeitung zu bilden. Und im Fall seines vorsichtigen Bekenntnisses zur Linken bezog Schirrmacher sich auf den konservativen Publizisten Charles Moore, der Gleiches im *Daily Telegraph* behauptet hatte, weil die eigenen bürgerlichen Werte durch den Hochfinanzkapitalismus gründlich diskreditiert worden waren.

Egon Krenz jedoch war ein anderes Kaliber. Die Annäherung ging weit über den Umstand hinaus, dass Schirrmacher mit seiner Vorliebe für graue Anzüge im »bulgarischen Look«[317] ungewollt eine Reminiszenz an den realsozialistischen Funktionärstypus bildete. Nein, Egon Krenz stand für ein Erbe der DDR, das man zumindest im politischen Teil der *FAZ* zutiefst verachtete. Ich hatte mit Krenz Kontakt aufgenommen, weil Schirrmacher in einem Artikel, von dem noch die Rede sein wird, eine Begegnung mit einem »gut gelaunten Ehepaar« schilderte, das »sich nach einem kurzen Herumrätseln als der letzte Staatsratsvorsitzende der DDR nebst Frau entpuppte«.[318] Ich wollte von Krenz am Telefon eigentlich nur die näheren Umstände dieser Begegnung erfahren. Aber ein paar Wochen später fuhr ich an einem regnerischen Samstagmorgen nach Dierhagen an die Ostsee, wo ich von Krenz in einer kleinen Laube hinter seinem Haus empfangen wurde. Es war sein Büro. Alles strahlte demonstrative Bescheidenheit aus, als wäre sein Bewohner ein Rentner unter anderen, vielleicht mit einer etwas merkwürdigen Vorliebe für Sozialistika. Krenz drückte mir einen Packen mit E-Mails in die Hand, die er ausgedruckt hatte. Ich las ein wenig darin und erkannte, dass er am Telefon nicht übertrieben hatte, was die Intensität seines Austauschs mit Schirrmacher betraf. Allerdings hatte Schirrmacher einmal mehr geschummelt. Als er das Ehepaar Krenz am Schwielowsee traf, war ein »Herumrätseln« nicht mehr nötig; man kannte sich seit den späten 1990er Jahren.

Egon Krenz wiederum lernte in Schirrmacher einen Journalisten aus dem Westen kennen, dem er so noch nicht begegnet war. »Er hat zugehört und Fragen gestellt«,[319] erinnert sich Krenz. Es kam zu mehreren Treffen, bis Schirrmacher im Dezember 1999 unangemeldet nach Rügen fuhr, wo Krenz sein Buch über den *Herbst '89* im »Dorfkrug« vorstellen sollte. Unter dem Titel *Die letzte Lesung* schrieb Schirrmacher darüber. Wer durch die verschneiten Fenster des »Dorfkrugs« schaute, sah eine »wetter- und ackerfest gekleidete

Versammlung älterer Männer und Frauen und davor das letzte Staatsoberhaupt der DDR – sie alle, Redner und Zuhörer, eingeschlossen in bernsteingelbes Licht und aufbewahrt für die Ewigkeit. Krenz ist ein Mann mit Würde. Das Klischee-Bild, das über ihn verbreitet wird, wirkt wie eine Beschreibung aus einer anderen Welt. Krenz stammt aus dieser Landschaft. Geboren in Kolberg und mit der Familie geflüchtet, feierte der Zwölfjährige in Damgarten mit Fähnchen die Gründung der DDR …«[320]

Es ist der letzte Auftritt von Egon Krenz, bevor er seine sechseinhalbjährige Haftstrafe antreten muss, zu der er wegen der Toten an der innerdeutschen Mauer verurteilt wurde. Schirrmacher schreibt gegen das »Klischee-Bild« von Krenz also in dem Moment, als dieser »maximale Persona non grata im westdeutschen Mainstream« ist, wie es der *FAZ*-Redakteur Mark Siemons ausdrückt, der Schirrmacher auf seiner winterlichen Reise an die Ostsee samt Fahrer und Limousine begleitet hatte.[321] Man kann in der Verteidigung eines geächteten Mannes die subtile Lust an der Provokation erkennen, aber Schirrmachers Interesse an Krenz nur mit dieser Lust zu erklären, griffe zu kurz. Er hatte Fragen an den Mann, der die untergehende DDR durch die Wendeereignisse führte.

Fast zehn Jahre später nahm Schirrmacher den Kontakt wieder auf.[322] Auch in Schirrmachers nächstem Artikel über Krenz schrieb erst einmal die Lust an der Provokation mit. Schirrmacher forderte *Gerechtigkeit für Egon Krenz* – und das zum zwanzigsten Jahrestag des Mauerfalls. Es braucht nicht viel Phantasie, um sich vorzustellen, dass ein solcher Ansatz nicht von allen Lesern der *FAZ* goutiert wurde. Umgekehrt freuten sich die Freunde von Krenz: »Das ist ja ein Ding! Es hat mich fast vom Stuhl gehauen. Ausgerechnet die *FAZ* oder *FAS*, das Flaggschiff der bürgerlichen Presse, leitet eine Wende im Denken ein.« »Eine Genugtuung für dich. Wenn auch eine späte«, schrieben sie.[323] Endlich erkannte einer, und nicht etwa irgendeiner, sondern der klügste Kopf der *FAZ,* welche Rolle Krenz im Herbst 1989 tatsächlich gespielt hatte! Und endlich sagte einer, dass die deutsche Wende (das Wort geht ja auf Krenz zurück) unblutig blieb, *weil* Krenz es so wollte, derselbe Mann also, der wenige Monate davor noch einer »chinesischen Lösung« das Wort geredet haben soll.

Am 4. November 1989 hatte Krenz als Vorsitzender des Nationalen Verteidigungsrates den Befehl 11/89 unterschrieben. Darin stand: »›Die Anwendung der Schusswaffe im Zusammenhang mit möglichen Demonstrationen ist grundsätzlich verboten.‹«[324] Schirrmacher, den solche Zeitdokumente elektrisierten, zitierte aus erster Hand. Krenz hatte ihm die Akte mit dem Befehl gegeben. Und er überzeugte ihn, dass er diesen Befehl notfalls auch gegen die Sowjetunion durchgesetzt hätte. Dabei verschwieg Schirrmacher nicht, dass Krenz als »Niederlage verstand«, was ihm selbst die zweite deutsche »Befreiung« war. Schirrmacher unterschlug also die Differenzen nicht, aber er verurteilte auch nicht. »Das gefällt uns vielleicht nicht, aber wir sollten versuchen es zu respektieren«, schrieb er.

Kurz nach der Veröffentlichung seines Artikels regte Schirrmacher ein weiteres Treffen an. Am 16. November 2009 schrieb er an Krenz, dass er die DDR zwar äußerst kritisch sehe. Andererseits sei er Realist genug, um zu erkennen, dass er nicht wisse, was aus ihm geworden wäre, wenn er in der DDR gelebt hätte. Bestimmt wäre er von der Utopie des Kommunismus berührt worden, wenn er im Sozialismus gelebt hätte. Aber dann wiederum sei man auf die

Realität gestoßen, an Machtmissbrauch im Kleinen. Und was dann? Er fragt Krenz, ob er die Ausweisung Solschenizyns ebenfalls als Schock empfunden habe. Schirrmacher will über den Freiheitsbegriff reden und sieht das ganze Gespräch als eine gedankliche Annäherung. Eine Veröffentlichung sei für ihn zweitrangig, lässt er Krenz wissen.[325]

Wie anders klang das doch rund zwanzig Jahre zuvor, als der junge Literaturchef der *FAZ* über Christa Wolf gerichtet und einen heftigen Literaturstreit ausgelöst hatte. Damals, zum Erscheinen ihrer Erzählung *Was bleibt,* hatte er bei Wolf eine »Mischung von Illusionsbereitschaft, Wunschdenken und bigotter Zustimmung« ausgemacht, die »es fraglich erscheinen lässt, ob Christa Wolf überhaupt jemals begriffen hat, dass sie in einem totalitären System lebte«.[326] Vielmehr habe sie die DDR wie eine kleinbürgerliche, autoritäre Familie verstanden, in der es zwar Streit gibt, der man sich aber unauflöslich verbunden fühlt. Der beträchtliche Scharfsinn, der in Schirrmachers psychologisierender Analyse lag, ging einher mit einer harschen Abwertung ihrer Literatur: Wolfs schriftstellerischer Rang werde überschätzt, eine Erzählung über eine Stasi-Überwachung aus den späten siebziger Jahren erst jetzt, im sicheren Jahr 1990, zu publizieren sei ein Akt der Feigheit und des schlechten Gewissens, sentimental und unglaubwürdig, am »Rande des Kitsches«. Für Feinde musste Schirrmacher nach dieser Vernichtung nicht sorgen. Später dann, als die IM-Akte von Christa Wolf aus den Jahren 1959 bis 1962 bekannt wurde, ließ Schirrmacher Milde walten: »Es besteht für Fremde kein Grund zu verurteilen. Wir tun es jedenfalls nicht.«[327]

Hat Egon Krenz mit Schirrmacher auch über Christa Wolf gesprochen?

»Ich habe ihm nur erzählt, dass Christa Wolf für den

Literaturnobelpreis in Stockholm vorgesehen war«, erzählt Krenz. »Diese Bitte wurde 1985 an die DDR herangetragen. Honecker wurde direkt gefragt, ob er die Ausreise von Christa Wolf genehmigen würde. Honecker empfand es als Unsinn, dass die Frage überhaupt gestellt wurde. Natürlich durfte sie reisen. Dann bekam sie den Nobelpreis nicht. Hätten wir doch mal gesagt, sie darf nicht reisen, dann hätte sie ihn gekriegt, meinte Honecker. Bundesdeutsche Stellen waren in der Tat der Auffassung, wenn Christa Wolf den Preis kriegt, dann als unterdrückte DDR-Schriftstellerin, nicht als deutsche. Denn wenn sie als deutsche Schriftstellerin gilt, wird Grass nie den Preis bekommen. So egoistisch hat man gedacht. Das Nobelpreiskomitee wollte sie wohl als DDR-Schriftstellerin. Das hat die Bundesrepublik verhindert. Da war Schirrmacher doch sehr erstaunt, das zu hören.«[328]

Das Gespräch zwischen Krenz und Schirrmacher fand im Spätsommer 2010 statt. Krenz reiste erst zum Begräbnis des Schriftstellers Günter Görlich nach Berlin, dann weiter zu Schirrmacher nach Sacrow bei Potsdam. Er bleibt den ganzen Nachmittag. Sie sprechen über die fünfziger Jahre. Über Anna Seghers, Bertolt Brecht, Hanns Eisler … »Sein Ziel war offensichtlich, ein Buch zu machen«, sagt mir Krenz.[329] Vieles war damals in der DDR noch offen, Geschichte als Möglichkeitsraum, die Frage, wer wäre ich gewesen, das habe Schirrmacher beschäftigt.

»Und wer wäre er gewesen?«

»Seine Schlüsse hat er mir nicht verraten. Er hat sich mit mir eher ausgetauscht, als ein Interview geführt. Das hat mir ehrlich gesagt auch ganz gut gefallen, da öffnet man sich mehr. Und ich habe mich schon geöffnet.«[330]

Das Buch über die DDR der fünfziger Jahre ist nie erschienen. Auch ist es Schirrmacher nicht gelungen, Richard von Weizsäcker mit Krenz an einen Tisch zu bringen, wie er dies geplant hatte. Krenz zieht um, er hat einen Computerschaden, der Kontakt schläft zu seinem Bedauern ein. »Er war ja dann auch auf anderen Baustellen unterwegs.«

Und diese andere Baustelle war nun eben das Internet. Es gehört zu den Gleichzeitigkeiten des Ungleichzeitigen, dass Schirrmachers Verteidigung von Egon Krenz im November 2009 eingerahmt wird von der neuen Obsession. Kurz davor hatte er über die Piratenpartei geschrieben, kurz danach über Google. An der Piratenpartei interessierte Schirrmacher die Gestalt des »Nerds«. Auf den ersten Blick haben diese Computerfreaks mit dem letzten Staatsratsvorsitzenden der DDR nichts gemein. Und doch gibt es eine Gemeinsamkeit: Beide sind Außenseiter mit Bezug zur Macht. Freilich mit dem großen Unterschied, dass Krenz durch die Geschichte des späten 20. Jahrhunderts an den Rand gerückt worden war, die Nerds dagegen ins Zentrum gerieten. Schirrmacher hatte die diskreten Zeichen zu deuten verstanden: Der Nerd ist der, den man auf jeder Party übersieht, selbstredend fehlt er auch in einem neuen Fotoband über die »Berliner Gesellschaft« und »überall, wo solche balzacschen Gemälde entworfen werden«. Und er fehlt bisher in der Publizistik. »Ein großer Fehler!«, beklagt Schirrmacher.[331] Denn diese unscheinbaren Wesen haben »die Drehbücher unserer Kommunikation, unserer SMS-Botschaften, mittlerweile unseres Denkens geschrieben. Sie sind die größte Macht der modernen Gesellschaft.«

Und nun sind sie dabei, die Politik nach ihrem Denken umzugestalten. Dass die Piraten eine Episode blieben, macht nicht falsch, was Schirrmacher in ihnen an Symbolkraft erkannte. Ihre Sorge vor dem Missbrauch der Daten ähnelte der Angst der Grünen vor der Atomkraft. Und wie Rudolf Bahro der Vordenker der ökologischen Bewegung genannt wurde, könnte man Schirrmacher den Vordenker der Informationsökologie heißen. Aber kehren wir einen Moment in die schlecht gelüfteten Zimmer zurück: »Nerds sind Menschen, die wissen wollen, wie Dinge funktionieren. Sie benutzen Schraubenzieher und sehr große Lupen«, schreibt Schirrmacher weiter. »Das stachelt sie umso mehr an.«

Es wäre übertrieben, im Nerd ein Selbstbildnis von Schirrmacher zu erkennen. Zum Nerd scheinen ihm zwar nicht Passion und Neugierde zu fehlen, aber doch das Fokussierte, vielleicht auch die Beschränkung, die einer braucht, um sich einer Sache ganz und gar zu verschreiben. Dass Schirrmacher nerdige Züge hatte, ließe sich allerdings schon mit seiner Vorliebe für Cola light und Junkfood belegen. Aber es ging tiefer. Daran erinnerte Hans Ulrich Gumbrecht in seiner Gedenkrede auf Schirrmacher in der Paulskirche: »Mit vierzehn Jahren gründete er die imaginäre Firma ›comium‹, deren Name für ›Computer, Umwelt, Mikroskopieren‹ stand – und viel später in seine E-Mail-Adresse eingehen sollte. Er hatte einen Chemie-Baukasten, trug einen weißen Laborkittel und versuchte, seine Spiel-Firma von den etablierten Firmen jener Zeit bemustern und akkreditieren zu lassen. Vielleicht war er ein Vorläufer jener Jugendlichen, die wir heute ›Nerds‹ nennen.«[332]

Jedenfalls fühlten die Nerds, die Schirrmacher dann begegneten, eine eigentümliche Verbundenheit mit ihm, was den Beziehungen eine verschwörerische Note gab. Es war fast wie damals, als der junge Schirrmacher dem George-Kreis in der *FAZ* nachgeeifert hatte. Einen großen kulturkonservativen Überbau brauchte es nun gar nicht mehr. Es genügte das Gefühl, von einer Sache besessen zu sein, die andere kaltlässt. Ignoranten und Wissende, »Apokalyptiker und Integrierte« (Umberto Eco) – das alte Spiel. Ein ehemaliger Piratenpolitiker schilderte mir am Telefon, wie überrascht er war, als er Schirrmacher in seiner Redaktion in Frankfurt besuchte und erkennen musste, dass der dort ja selbst ein »Außenseiter« war. Es blieb leider das einzige Gespräch. Ein Treffen verweigerte mir der ehemalige Piratenpolitiker ohne Nennung von Gründen. Das Misstrauen, das einem Außenstehenden entgegenschlägt, spricht für die konspirative Mentalität der Szene.

Und ein wenig wie damals, als Stefan George auf den Straßen von Schwabing seine Jünger rekrutiert hatte, fischte Schirrmacher nun im World Wide Web. Er wollte schräge, begabte Blogger für die *FAZ* gewinnen. Im Mai 2003 stößt er auf einen Blogger, der sich Kutter nennt. Unter seiner comium-Adresse schreibt er ihn als »Dr. Frank Schirrmacher« an und gibt sich als Leser seines Blogs zu erkennen. Aus der Anfrage zur Übernahme eines Blog-Beitrags für die *FAZ* entwickelt sich ein Werben, das Kutter »wie ein Flirten« vorkommt.[333] Schirrmacher geizt nicht mit Lob, findet dieses und jenes »großartig«, er vermutet in dem Angeschriebenen einen »großartigen Rezensenten« und verspricht ordentliche Honorare, oder auch: »Wir stellen Ihnen eine zweite Bühne hin!« Aus London schreibt Schirrmacher mitten in der Nacht: »Wir graben einen Kanal, der die Oder mit Spree und Rhein verbindet!«, worunter sich Kutter bis heute nichts Konkretes vorstellen kann, außer dass es nach einem großen Projekt klang. Da Kutter zwar gut schreiben kann, aber trotzdem keine journalistischen Ambitionen hat, kommt das Werben nicht so recht voran, wird spielerischer Selbstzweck. Kutter spielt das Spiel mit. Er versucht aus den IP-Adressen im Mail-Header von Schirrmacher und den protokollierten Seitenzugriffen zu eruieren, wo Schirrmacher sich gerade befindet, und teilt das dem Meister mit. Meist liegt er daneben. Einmal ortet er Schirrmacher in einem US-amerikanischen Krankenhaus und wünschte gute Besserung. Dieser schreibt gut gelaunt zurück (er scheint ihm überhaupt nur zu schreiben, wenn er gut gelaunt ist), er sei gerade auf Mauritius, später in Madagaskar, »bei den Lemuren«. »Ich habe Schirrmacher ja nicht persönlich gekannt«, schreibt mir Kutter, »aber ich habe den Eindruck eines Mannes gewonnen, dessen größte Angst es war, langweilig zu sein. (…) Er hatte natürlich dieses unglaubliche Talent dafür, den Mainstream mit Themen und Thesen zu beliefern, die diesen wohlig gruseln ließen, aber er hatte eben zugleich auch dieses Faible für das Abseitige, das Verschrobene, den kleinen Unfug. Das Spielerische, das Ungestüme, die Begeisterungsfähigkeit fand ich faszinierend. Bei Männern in Postionen wie seiner findet man das nicht oft.«

Auch diese ungewöhnliche Beziehung zwischen einem Blogger und Schirrmacher schlief ein. Einen einzigen Artikel hat sie hervorgebracht, veröffentlicht unter Pseudonym. Kutter erzählt die Reise einer Handvoll junger Westlinker durch die letzten Tage der DDR. Beim Treffen mit der FDJ-Bezirksleitung Cottbus fällt auf, dass »die neuen Krenz-Bilder noch nicht eingetroffen sind«[334]. Es ist ein Erinnerungsstück zum zwanzigsten Jahrestag des Mauerfalls, das eigentlich auf der *Bilder-und-Zeiten*-Seite erscheinen sollte. Dort musste es allerdings kurzfristig Helmut Kohl weichen, der Gewichtiges zu sagen hatte.

Unter den von Schirrmacher entdeckten Nerds waren auffällig viele Frauen. Zwar hatte Schirrmacher lange vor seinem öffentlichen Interesse für die digitale Kultur einen wachsenden Einfluss der Frauen im öffentlichen Leben konstatiert. »Die entscheidenden Produktionsmittel zur Massen- und Bewusstseinsbildung in Deutschland liegen mittlerweile in der Hand von Frauen. In komplizierten, zuweilen von höfischen Intrigen begleiteten Strategien haben Frauen mehr oder minder deutlich die Zuständigkeit für gewaltige Komplexe der Bewußtseinsindustrie übernommen«, schrieb er 2003 in einem viel diskutierten, mit *Männerdämmerung* betitelten Feuilletonaufmacher.[335] Schirrmacher dachte an Frauen wie Sabine Christiansen, die damals mit ihrer ARD-Talkshow im Zenit des Ruhms stand, aber auch an die Frauen an der Spitze der Medienkonzerne: Liz Mohn, Friede Springer, Ulla Berkéwicz. »Eine Telefonistin, ein Kindermädchen, eine Schauspielerin und Schriftstellerin und eine Stewardess definieren das Land.«

Was man aus anarchischer Sicht begrüßen könnte, wurde von Schirrmacher ambivalent gedeutet. Er bemisst den durchaus phantastischen Aufstieg dieser Frauen nicht etwa an den Eigentümlichkeiten der eigenen Karriere, sondern mit der Zerfallstheorie des konservativen Kulturkritikers Arnold Gehlen: Je »zivilisierter eine Gesellschaft, je komplexer und subtiler die Notwendigkeit, unlösbare Konflikte ohne Aggression zu lösen, desto stärker setze eine solche Gesellschaft auf die Frauen als Vermittler, ja sie delegiert ihnen sogar die wirtschaftliche Macht.« Aus dieser Perspektive mag eine von Frauen dominierte Gesellschaft friedfertiger scheinen, sicher aber würde sie schwächer.[336] Gleichwohl förderte Schirrmacher in der Redaktion nun zunehmend auch Frauen, aber als im Februar 2012 sechs Redakteurinnen der *FAZ* (und zwei der *FAS*) den ersten Brief von Pro-Quote mitunterzeichnet hatten, in dem eine Frauenquote von dreißig Prozent in den Chefetagen der Verlage gefordert wurde, tobte Schirrmacher in der Redaktion und sprach von einem »ungeheuerlichen Vorgang«.[337] Da hatte er bei den anderen Herausgebern für die Stärkung der Frauen in der Zeitung geworben, und nun fielen die ihm in den Rücken und setzten ihn dem Spott der Kollegen aus. Schirrmacher fühlte sich einmal mehr verraten und reagierte (auf einen durchaus lösbaren Konflikt) aggressiv. Frauen sollten eine größere Rolle in der *FAZ* spielen, das war durchaus sein Ziel, sie konnten es aber in der Regel nur, wenn sie seine Patronage ertrugen. Sie waren abhängig von seiner Gunst und abhängig von seinen Launen.

Da war es nicht schlecht, wenn man auf anderen Pfaden ging. Wie Constanze Kurz, die Sprecherin vom Chaos Computer Club, oder die ehemalige *tazonline*-Redakteurin Julia Seeliger, die sich mit den Trollen im Netz beschäftigte. Keine zwei Stunden, nachdem Seeliger ihren Abgang von der *taz* gebloggt hatte, wurde sie von Frank Schirrmacher angeschrieben. Er gab ihr einen gut bezahlten Blog bei der *FAZ*, mit dem sie fremdelte und mit dem die Redaktion fremdelte. »Ich musste bei der *FAZ* scheitern, um die Entwicklung, die Schirrmacher von mir verlangte, auch durchzumachen. Wir probieren es später noch einmal, hat Schirrmacher mich ermuntert.«[338]

Kein klassischer Nerd, aber ebenfalls sehr unkonventionell war Yvonne Hofstetter, die sich mit ihrer Firma Teramark Technologies um Big Data kümmert. In diesem Fall ist sie es, die im Sommer 2013 den Kontakt zu Schirrmacher sucht. Sie schreibt eine Mail an die allgemeine Redaktionsadresse der *FAZ*. »Ich schrieb, dass ich sein Buch *Ego* gelesen habe, und darin im Grunde die Historie und den Werdegang meines Teams beschrieben sah, fast biographisch. Ich habe mich gewundert, wie das ein Journalist schafft, der eigentlich gar nicht drinsteckt.«[339] Yvonne Hofstetters Mail wird von der bearbeitenden Instanz bei der *FAZ* erst gar nicht weitergeleitet, man hält sie für eine Mail von Schirrmacher selbst, für einen seiner Scherze. Wenig später animiert Frank Schirrmacher sie zu ihrem ersten Buch *Sie wissen alles. Wie intelligente Maschinen in unser Leben eindringen und warum wir für unsere Freiheit kämpfen müssen*. Yvonne Hofstetter verspricht schon nach den ersten Entwürfen, die sie ihm zuschickt, dass das, »was noch folgen soll, Ihr *Ego* aus praktischer Sicht (hoffentlich) belegen« werde.[340]

Der intensivste Kontakt, den Schirrmacher in die deutsche Hackerszene knüpfte, war aber vermutlich der zu Frank Rieger, einem der Sprecher des Chaos Computer Clubs (CCC). In dem 1971 in Perleberg geborenen Rieger fand er einen kongenialen Gesprächspartner, den seine beiden großen Themen, die digitale Dystopie und der Wandel des Leseverhaltens mitsamt des Verlustes der Fähigkeit, sich zu konzentrieren, ebenfalls umtrieben. Rieger teilte allerdings Schirrmachers Begeisterung für die amerikanischen Netztheoretiker nicht. »Wir haben uns herzlich darüber gestritten. Er genoss es, kontra zu bekommen, das nicht ad hominem war, sich nicht gegen seine Person und Rolle richtete, wie das so oft der Fall war.«[341] Auch wenn Rieger kein gelernter Journalist ist, so kann er doch klar und jargonfrei formulieren; ein Glücksfall für digitale Themen. Kein Wunder, dass ihn Schirrmacher zu seinem vielleicht wichtigsten Autor für Netzthemen machte.

Sichtbarster und spektakulärster Ausdruck dieser Zusammenarbeit ist die *FAS*-Ausgabe vom 10. September 2011, die in ihrer Illustration an die Genom-Ausgabe erinnert. Man sieht Quellcodes sowie eine Darstellung des Trojaners, den die Spezialisten des CCC gefunden, gehackt und analysiert hatten. Rieger und Schirrmacher schrieben je einen Artikel. Rieger zeigte die praktischen Folgen auf. Es ließen sich »beliebige, die Grenzen des vom Bundesverfassungsgericht Erlaubten weit überschreitende Überwachungsmodule installieren (...), die zum Beispiel Mikrofon und Kamera am Computer als Raumüberwachungswanze nutzen – das ist der digitale große Lausch- und Spähangriff.«[342] Schirrmacher stellte die drängend Fragen: »Wer hat die Macht über die Programmierer? Wer bestellt den Code? Reicht es wirklich, nur auf die Grundgesetztreue des Staates und seiner Diener zu hoffen, wenn der Code, den nur die Auftraggeber und die Eingeweihten verstehen, diese Treue bereits durchbricht?«[343] Die *FAS*-Seiten zum Staatstrojaner hängen bis heute im Büro des Chaos Computer Clubs in Berlin.

Die Begegnungen und Kontakte in die Netzwelt stärken den Eindruck einer »Hinwendung zum Menschen«, wie es Dirk Schümer nennt.[344] Diese Hinwendung ist im Grunde genommen auch das Thema von *Ego*. Natürlich ist das ein Buch über den »Informationskapitalismus«.[345] Allerdings taucht der im Titel gar nicht auf: *Ego. Spiel des Lebens*, ein merkwürdig unbestimmter Titel. Das Buch wird getragen von Schirrmachers Faszination für die Spieltheorie. Die Spieltheorie ist eigentlich ein Zweig der Mathematik und versucht, die Entscheidungen von Menschen in sozialen Interaktionen zu berechnen. Menschen wägen ab und ziehen dabei die Abwägungen der anderen in ihr Kalkül. Das berühmteste Beispiel ist das »Gefangenendilemma«. Zwei Gefangene werden beschuldigt, gemeinsam ein Verbrechen begangen zu haben. Die beiden Gefangenen werden einzeln verhört und können nicht miteinander sprechen. Leugnen beide das Verbrechen, erhalten beide eine niedrige Strafe, da ihnen nur eine weniger streng bestrafte Tat nachgewiesen werden kann. Gestehen beide, erhalten beide dafür eine hohe Strafe, wegen ihres Geständnisses aber nicht die Höchststrafe. Gesteht jedoch nur einer der beiden Gefangenen, geht dieser als Kronzeuge straffrei aus, während der andere als überführter, aber nicht geständiger Täter die Höchststrafe bekommt. Diese Situation wird von Schirrmacher in seinem Buch vielfach variiert. Da ist zum Beispiel der Fallensteller. »Der erfolgreichste Fallensteller ist der, der so denkt wie das Lebewesen, das gefangen werden soll; die erfolgreichsten Fallenumgeher sind die, die so denken wie der Fallensteller, der sie fangen will.«[346] Meint, ich muss mich in den anderen hineinversetzen können, um ihn zu schlagen. Einfühlungsgabe zu strategischen Zwecken. Im Kalten Krieg erfunden, im Silicon Valley perfektioniert, wird die Spielthorie von Schirrmacher hauptsächlich zur Erklärung des Informationskapitalismus herangezogen. Dass er von ihr auch rein persönlich fasziniert war, scheint evident.

Das Vokabular, mit der er die Spieltheorie beschreibt, ist dasselbe, mit dem seine Karriere beschrieben werden kann: mit »List, Trick und Komplott und sogar Intrige«[347]. Die Figur, die dieses Spiel (in uns) diktiert, nennt Schirrmacher »Nummer 2«, sie ist eine Verwandte des »homo oeconomicus« der klassischen Wirtschaftslehre.[348] Wie kann man ihr entkommen? Das ist die große Frage, auf die Schirrmacher am Ende seines Buches eine scheinbar lapidare Antwort gibt: »Vielleicht ist es ganz einfach: nicht mitspielen. Jedenfalls nicht nach den Regeln, die Nummer 2 uns aufzwingt.«[349] Die Antwort lässt einen großen Interpretationsspielraum. Einer Spielernatur wie Schirrmacher kann man das Spielen nicht verbieten. Aber er kann lernen, andere Spiele zu spielen. Welche wären das?

Das gefährdete Paradies

Im Sommer 2007 trafen sich Frank Schirrmacher und Richard von Weizsäcker zum Gespräch im Schlosspark von Sacrow an der Heilandskirche. Die Kirche war 1844 im italienischen Stil erbaut worden. Als 1961 die Mauer errichtet wurde, stand sie plötzlich direkt auf dem Grenzstreifen, an den Campanile wurden die Betonplatten der Sperranlage angesetzt. Jahr für Jahr wurde der Zustand der Kirche schlechter, und sie drohte zu verfallen, wäre nicht Weizsäcker gewesen, der ihre Rettung in die Wege leitete. Das Gespräch mit dem ehemaligen Regierenden Bürgermeister von West-Berlin wurde in der *Bilder-und-Zeiten*-Beilage über eine Seite lang abgedruckt. Das war an sich nichts Ungewöhnliches, denn Schirrmacher pflegte seine Gespräche mit prominenten Zeitzeugen in großzügiger Aufmachung zu veröffentlichen. Ein paar Leser mochten sich fragen, warum Schirrmacher eigentlich so genau wissen wollte, wie Weizsäcker die Heilandskirche am Port von Sacrow gerettet hatte, wo es doch in dem Gespräch mit dem Titel *Haben Sie George gesehen, Herr von Weizsäcker?* eigentlich um Weizsäckers Verbindung zu Stefan George ging.[350]

Ein Jahr später konnte man im *FAZ*-Feuilleton erneut über die Heilandskirche am Port von Sacrow lesen. Sie war nun wieder bedroht. Bedroht nicht mehr durch den Sozialismus und den elenden Lauf der Weltgeschichte, sondern durch die Schifffahrtsgesellschaft Ost in Magdeburg, die, weiß der Himmel warum, zuständig ist für den Sacrow-Paretzer Kanal, der aufmerksamen Lesern des *FAZ*-Feuilletons ebenso wie die Heilandksirche nun zum Begriff wurde. Der Sacrow-Paretzer Kanal ist eine Teilstrecke der Wasserstraße Untere Havel, die für große Schlepper nicht befahrbar ist, es gab Pläne, dies zu ändern. Pläne, gegen die sich eine Allianz aus Anwohnern, Naturschützern und Kunstschützern bisher erfolgreich gewehrt hat. Aber nun hatte die Schifffahrtsdirektion Ost in Magdeburg (was ging das die eigentlich an?) grünes Licht für den Ausbau des Sacrow-Paretzer Kanals gegeben. Ein Fanal. Wenn nicht nur der Kanal, sondern die Havel selbst ausgebaut würden, wären die Schäden gravierend.

Man nehme nur die Heilandskirche, ein »elegantes Kirchenschiff, dessen hölzerne Fundamente, aber nicht nur sie, bedroht sein dürften, wenn durch den heute noch sanft dahinplätschernden Fluss einst tatsächlich 185 Meter lange Containerschiffe stampfen würden. Allerdings wird zur Beschwichtigung aufgeregter Kunst- und Naturschützer immer wieder gesagt, es käme doch nur ein solches Ungetüm pro Woche. Der ästhetische Genuss, in dieser elysischen Landschaft zu verweilen, er wäre trotzdem dahin.«[351]

Wer über diese Klage im Feuilleton der *FAZ* lächelt, dem muss man sagen: Er war noch nie in Sacrow. Frank Schirrmacher hatte die »elysische Landschaft«, von der in der *FAZ* die Rede war, direkt vor seiner Haustür. Ja, es gab diesen Artikel in der *FAZ* vermutlich nur, *weil* er sie direkt vor der Haustür hatte. Dass man kein elend langes Containerschiff sehen will, wenn der Blick über die Havel zur Pfaueninsel schweift, ist schließlich verständlich.

Man könnte die Menschen in solche unterscheiden, die von Schirrmacher nach Sacrow eingeladen wurden, und solche, die keine solche Einladung erhalten haben. Die Liste der Einladungen ist schier endlos. Prominente Freunde finden sich darauf ebenso wie hoffnungsvolle Talente, die aus der Einladung größte Hoffnungen ableiteten. Aus der Menge der Berichte sei hier eine Erinnerung von Lutz Hachmeister zitiert: »Es gab eine helle Küche, aber diese Rotunde, von der aus man auf den See sieht, ist schon etwas düster, denn sie ist ja auch noch bepflastert mit Ausgaben von Ernst Jünger, die alle dunkel sind. Dazu die Holzvertäfelung und die Dämmerung, und es wurde Portwein in winzigen Gläsern serviert. Wir redeten über die Kolumne. Ich sagte ihm, dass ich eine neue Form ausprobieren wollte. Gar kein Problem und 3000 Euro pro Stück. Da wurde mir schon klar, dass das so nicht zu realisieren war.«[352]

Viele dieser Besuche mündeten in einer Fahrt auf Schirrmachers Boot. Es gab Besuche, die überhaupt fast nur aus dieser Fahrt bestanden. Es war ein relativ kleines, normales Holzboot.[353] Auch die Schauspielerin Katie Holmes, die Schirrmacher als Begleiterin von Tom Cruise während der Dreharbeiten zu *Valkyrie* in Babelsberg kennengelernt hatte, fuhr darin. Ein Foto, das Katie Holmes in dem Boot zeigt, hing eine Zeit lang an der Wand von Schirrmachers Frankfurter Büro.[354] Aber was für ein Unterschied zwischen der Stimmung dort im Gallusviertel, in einem Gebäude, in dem man einen mittelgroßen Versicherungskonzern vermutete, wüsste man es nicht besser, und der Aura hier, in Sacrow, der elysischen Landschaft.

»Geheimland« nennt man einen Ort in der phantastischen Literatur, der vom normalen Leben abgeschieden ist und einen Zauber entfaltet, der nicht von dieser Welt scheint. Der Ort braucht geographisch gar nicht besonders entlegen zu sein.[355] Obwohl es von Sacrow Luftlinie nur fünf Kilometer ins Zentrum von Potsdam sind, fährt man mit dem Auto um den See herum eine halbe Stunde. Nicht viel weniger braucht, wer von der Spandauer Heerstraße kommt, das letzte Stück durch den Wald. Viele Medienschaffende haben hier ein Haus, angelockt vom ehemaligen *Tempo*-Chefredakteur und Beckmann-Redaktionsleiter Markus Peichl, den man scherzhaft den Paten von Sacrow nennen könnte. Man wohnt in Sichtweite zu anderen Medienschaffenden, die sich in dieser von Wasser durchzogenen, so weiten wie verwinkelten Landschaft niedergelassen haben (ich habe Mühe, sie mir einzuprägen, Kai Diekmann hat sein Haus am Jungfernsee, der liegt südlich von Sacrow, Mathias Döpfner wiederum residiert wie Günther Jauch am Heiligen See, der wiederum südlich vom Jungfernsee liegt ...).

Diese kleine Gesellschaft lebt nicht nur in einer Landschaft, die wie von selbst die Gemälde aus sich treibt. Sie lebt auch in einer Kulturlandschaft, in die sich die wechselvolle Geschichte dieses Landes eingezeichnet hat. Wie muss es Schirrmacher elektrisiert haben, als er erfuhr, dass ein Hans von Dohnanyi, der zum Kreis der Widerstandskämpfer des 20. Juli 1944 gehörte, zeitweilig in Sacrow gewohnt hatte.[356] In der DDR wiederum konnten hier nur die Treuesten der Linientreuen wohnen, die Enklave war zur »verbotenen Zone« deklariert worden. Auch sie leben teilweise heute noch in dem Ort, der in seinem Erscheinungsbild neben der Vorkriegszeit auch so viel DDR konserviert hat, dass immerhin die TV-Serie *Weißensee* in ihm gedreht wurde. Last but not least erzählt Sacrow ein Kapitel jüdischen Lebens in Deutschland. Dohnanyi war 1942 nämlich in das leerstehende Haus des emigrierten Juden Artur

Landsberger gezogen. In den besseren Zeiten verbrachten hier viele jüdische Berliner ihre Sommerfrische. Und vielleicht war auch der junge Marcel Reich-Ranicki hier gewesen. Als er im Februar 2007 den Ehrendoktor der Humboldt-Universität bekam, rückte verstärkt ins Bewusstsein, dass er seine Kindheit und Jugend in Berlin verbracht hatte. Die *FAZ* veröffentlichte auf ihrer Webseite eine Bildergalerie mit alten Fotos von Marceli Reich, wie er damals hieß. Eine Aufnahme zeigt ihn mit Buch und Badehose im märkischen Sand, die Kiefern im Hintergrund. Auf einer weiteren Aufnahme sieht man ihn mit seinem Vater vor der Weite des Wannsees, im Hintergrund Segelboote und ein sanfter, bewaldeter Hügel.

Nachdem Marcel Reich-Ranicki die Ehrendoktorwürde verliehen wurde, veranstaltete Schirrmacher ein kleines Fest zu dessen Ehren in Sacrow. Während man sich im Garten verlustierte, redete Schirrmacher auf Reich-Ranicki ein. Er wollte unbedingt, dass er damals, als die Fotos gemacht wurden, auch hier, im Hafen von Sacrow, schwimmen gegangen sei. Aber Reich-Ranicki war es nicht, oder konnte sich jedenfalls nicht erinnern. Nein, nein mein Lieber! Und Schirrmacher hörte zum Vergnügen der Gäste nicht auf zu sagen: Doch, doch, mein Lieber![357]

Vielleicht hat sich Reich-Ranicki ja doch noch erinnern können? Jedenfalls berichtete Schirrmacher an Richard von Weizsäcker bei deren Begegnung an der Heilandskirche, Reich-Ranicki sei als Jugendlicher im Hafen von Sacrow schwimmen gegangen, weil der Wannsee für Juden verboten gewesen sei.[358] So oder so, etlichen Berliner Juden bot Sacrow eine Zeit lang noch eine Sicherheit, die Berlin nicht mehr bieten konnte. Von Enteignung und Not getrieben, lebten einige von ihnen bis zu ihrer Vertreibung nun ganz in Sacrow.

Richard Unger zum Beispiel, der Mitbesitzer des legendären Hotels Kempinski, bewohnte ein »zweigeschossiges, achsensymmetrisches Haus, das mit einer Klinkerfassade verblendet wurde und zur Havel hin eine weit ausschweifende Terrasse besaß«,[359] wie es in einem Buch zur Geschichte von Sacrow heißt. Am 20. Mai 1931 war dieses Haus bezugsfertig. Im April 1939 emigrierten Richard und Frieda Unger nach London. Gut sechzig Jahre später kauft Frank Schirrmacher das Haus und zieht mit seiner Familie ein.

Es heißt, dass er sich hier, umgeben von seiner kleinen Tochter Gretchen und seiner zweiten Frau Rebecca Casati, wohlgefühlt habe.[360] Im Ort galt er einerseits als unnahbar und kaum am Gemeindeleben interessiert,[361] ein wenig wie der große Gatsby, andererseits stand er im Ruf eines Originals, das die Welt gern ein wenig zum Narren hielt.

Eine kleine Sammlung seiner Narreteien findet man im Nachruf seines Freundes Alexander Gorkow. Oft hätten sich die Streiche um seinen Dackel gedreht, der »quasi rund um die Uhr verkleidet wurde«.[362] Und sie wurden mit einem »erheblichen Aufwand« inszeniert. Ein Streich ragt dabei heraus, Gorkow erwähnt ihn leicht verfälscht, und einer meiner Gesprächspartner erfand zu einer Internetseite gleich noch eine Anzeige in den *Potsdamer Neuesten Nachrichten* dazu, als er ihn erzählte. So werden Anekdoten langsam zu Legenden.

Hier der Streich aus erster Hand:[363] Die Familie des Journalisten L. besaß ein Grundstück am Sacrower See, auf dem eine Datsche stand. Nach der Jahrtausendwende beschloss L., die Datsche umzubauen. Die Sache war heikel, der Nachbarin war eine »Bestandschutzverwirkungserklärung« zugegangen, weil ihr Grundstück im Naturschutzgebiet lag. Das Projekt bedurfte vieler Genehmigungen, die der ortskundige Bauleiter in Potsdam einhole. Schirrmacher verfolgte die Angelegenheit, von der ihm L. gelegentlich berichtete, mit Anteilnahme. Eines Tages schickte er L. eine Mail mit einem Link: Eine ganz komische Sache sei das, es betreffe, glaube er, L.s Grundstück. Der Link führte auf eine Webseite, die an den NABU erinnerte. Sinngemäß war zu lesen, dass ein arroganter Journalist aus dem Westen widerrechtlich schöne Naturflächen versiegele. Die Sache stehe sinnbildhaft für die Zerstörung der ostdeutschen Kulturlandschaften. Es wurde zum Sternmarsch zum Grundstück ausgerufen.

»Man war bei Schirrmacher immer auf Scherze vorbereitet, das schon«, sagt L. Aber hier gab es ja eine Webseite, die zudem auf andere, reale Webseiten verlinkte. »Ich bekam einen gewaltigen Schrecken.« Nachdem sich die Sache dann doch geklärt hatte und L. die Webseite seinen Freunden zeigen wollte, war der Link tot. »Sie tauchte wie ein Geist auf und verschwand wieder.«

Um diesen Schabernack zu treiben, hatte Schirrmacher keinen Aufwand gescheut. In seiner Detailverliebtheit ist der Streich ebenso zärtlich, wie er aggressiv wirkt im Schrecken, den er hervorruft. Dem Schrecken folgt freilich die Erleichterung, der Streich hält auf Distanz und sucht doch Nähe. Unter seinem Witz liegt ein tiefer Ernst, er spricht in entstellter Form von einem wachen Gefühl für Gefährdungen. Der Umwelt, des anderen, sich selbst.

Am 12. Juni 2014 erleidet Frank Schirrmacher einen tödlichen Herzinfarkt in seiner Zweitwohnung im Frankfurter Westend. Begraben wird er auf dem Friedhof von Sacrow, die Trauerfeier findet in der Heilandskirche statt. Die Liste der Trauergäste ist lang, aber dann doch nicht so lang, dass alle Bänke besetzt sind, die man vorsorglich vor die Kirche gestellt hat. Während der Reden taucht ein Pfau auf, stolziert ein wenig auf der Balustrade herum, macht einen Klacks und verschwindet wieder.[364]

Nach Schirrmachers Tod bildeten die Freunde einen Kreis ohne Meister, die Feinde hielten still, und wer weder das eine noch das andere war, lebte sein Leben, las vielleicht gelegentlich in einem Artikel, dass Schirrmacher an allen Ecken und Enden fehle, oder auch ein ganzes Buch über ihn, das in dieser Sache kein Urteil fällen möchte.

Epilog

Nun habe ich mit vielen Menschen gesprochen, die mir nicht nur ihre Sicht auf Frank Schirrmacher vermittelt haben, sondern auch an die mythischen Bilder erinnerten, die man fand, um sich diesen außergewöhnlichen Menschen zu erklären: Kindkaiser, das »gebildetste Kind, das jemals ein Feuilleton leitete«,[365] schließlich: Karlsson vom Dach. Aber wie war das Kind, als es noch ein Kind war? Anders als bei Karlsson vom Dach ist die Herkunft von Frank Schirrmacher bekannt. Sein Vater, der Ministerialrat Herbert Schirrmacher, ist 1985 gestorben, er wurde nur fünfundsechzig Jahre alt. Aber die Mutter wohnt immer noch in dem Haus in Wiesbaden, in dem Frank Schirrmacher aufgewachsen ist. Kann sein, dass jemand mal eine Andeutung über diese Mutter gemacht hat, vielleicht hat er dabei auch etwas von einer polnischen Herkunft geraunt, aber bewusst von ihr Notiz genommen habe ich erst vor Kurzem. Wie sollte es auch anders sein? In den Nachrufen kommt sie nicht vor. Und in den Berichten von den Trauerfeiern wird ihr Fehlen auf dem Begräbnis nicht vermerkt.

An einem trüben Apriltag fuhr ich nach Wiesbaden. Ich war nicht der erste Journalist, der Halina Schirrmacher besuchte. Georg Diez war schon da gewesen. Sein Besuch floss kurz ein in einen *Spiegel*-Artikel über die Lücke, die Schirrmacher in der deutschen Öffentlichkeit hinterlassen haben soll. Das Bild der Mutter in diesem Artikel: eine leicht verrückte, liebenswerte Dame, die bestimmt keine Intellektuelle war und vom Glanz der Karriere und dem überragenden geistigen Rang ihres Sohnes einen zwar grellen, aber undeutlichen Eindruck hatte.[366]

Und anders als jener Freund und *FAZ*-Redakteur, der, als er einmal in Wiesbaden übernachten musste und von Frank an seine Eltern verwiesen wurde, glaubte, er würde in einer Jugendstilvilla übernachten, denn das hatte Schirrmacher über sein Elternhaus behauptet, war mir klar, dass ich keine Villa betreten würde, sondern ein Reihenhaus.

»Wissen Sie, Frank war nicht so ein Familienmensch«,[367] hatte Halina Schirrmacher mit polnischem Akzent am Telefon gesagt. Sie wohnt in Bierstadt, einem bürgerlichen Stadtteil im Osten von Wiesbaden, viel Grün, der Buchladen an der Bushaltestelle, an der ich aussteige, hat kürzlich dichtgemacht, es nieselt, ich gehe die überschaubare Geschäftsstraße entlang, komme an »Charly's Kiosk« vorbei, der zugleich »Charly's Café« ist, ein paar Minuten später passiere ich die Theodor-Fliedner-Schule, mache ein Handyfoto, weil ich glauben will, dass das die Schule ist, in die Frank Schirrmacher in den siebziger Jahren gegangen ist. Wie gut passt dieser trostlose Zweckbau zu einem, der seine Karriere auf der Ablehnung und Verachtung von allem baute, was nach Achtundsechzig roch. Aber er ging gar nicht in diese Schule, wie ich von Halina Schirrmacher gleich erfahren sollte. Sie trägt tatsächlich die Haare hoch aufgetürmt über ihrer golden-weißen Brille, ein Band im Haar mit Perlen und eine grüne Schlaufe, so wie es Georg Diez beschrieben hatte. Nur dass das Kleid dieses Mal nicht so bunt ist, und zur Tanzschule muss sie auch nicht gleich aufbrechen. Vielleicht kann sie überhaupt nicht mehr tanzen, weil ihr das Bein große Sorgen macht.

Wie stand doch in dem bösen *Spiegel*-Artikel von 1996? Als Schirrmacher »in einem Bildband mit hochherrschaftlichen Villen der Jahrhundertwende plötzlich auf ein besonders schönes Foto zeigt und dazu erklärt, in so einem Haus sei er aufgewachsen. Tatsächlich ist der kleine Frank in einem Reihenhaus in Wiesbaden groß geworden.«[368] Ja, es ist ein Reihenhaus, und es strahlt auf den ersten Blick tatsächlich etwas von den kleinbürgerlichen Verhältnissen aus, die in dem hämischen Artikel gleichsam gegen ihn verwendet wurden. Der Vorgarten ist winzig, das Küchenfenster auch, aber als ich die Terrasse und den Garten auf der Rückseite sehe, kann ich mir schon vorstellen, dass Halina Schirrmacher hier für die Nachbarn und die Wiesbadener Freunde Partys geschmissen hat, wie sie lachend erklärt. Und der Sohn? Fand er nicht toll, dass was los war? »Ach, Partys waren nicht so sein Ding«, antwortet sie. Lieber habe er Bücher gelesen.

Halina Schirrmacher fragt, ob ich Hunger habe. Sie sorgt sich sehr um das Wohl ihres Gastes. Ich fühle mich wohl und unwohl zugleich, denn ich habe all die guten und weniger guten Geschichten über ihren Sohn im Kopf. Wohin damit? Hier, in diesem Haus? Versuchen wir es damit: Welche Bücher hat Frank gelesen? Die da? Ich zeige auf das Bücherregal in dem geräumigen, hellen Wohnzimmer, wo wir nun sitzen, nein nicht sitzen, immer wieder steht sie auf, ich mit ihr, wir zappeln auf bunten kleinen Teppichen herum. Nein, das sind die Bücher ihres Mannes. Ich entdecke einen Simmel, das passt zum Ministerialbeamten mit *SPD*-Parteibuch. Und obwohl der Vater ein passionierter Leser war, hat nicht er den Sohn zum Lesen gebracht. Der Sohn ist selbst darauf gekommen. Das Verhältnis zwischen Vater und Sohn muss schwierig gewesen sein. Ich erfahre es andeutungsweise. Der Vater habe sich dann aus der Erziehung zurückgezogen. Später sei er aber stolz auf den Erfolg von Frank gewesen. »Man sah ja dann, dass er nicht auf die schiefe Bahn geraten ist.« Anders als der Nachbarssohn, mit dem Frank oft gespielt hat, der abrutschte, Drogen nahm. Frank hat den Nachbarssohn auch mal in die Garage eingesperrt, wie Buben das so tun. Mir fällt einer der Jugendstreiche ein, den Schirrmacher einem Freund erzählt hat. Einmal habe er einen Hecht in einem Aquarium mit Zierfischen ausgesetzt. Am nächsten Tag waren die Zierfische tot.

Frank und der Nachbarsjunge waren nur mäßige Schüler, sie sind sitzengeblieben. Auf dieses Sitzenbleiben kommt die Mutter immer wieder zurück. »Das ist doch peinlich, finden Sie nicht?« Ich zucke mit den Schultern, es hat keinen Sinn zu widersprechen. In diesem Moment scheint eine andere Jugend auf, eine, in der die Eltern nicht ausgelassene Partys feiern, sondern die Furcht vor dem Gerede der Gesellschaft groß ist, eine Welt wie aus einem Roman von Heinrich Böll.

Denn Frank war ja nicht dumm. Er war nur faul, hat keine Hausaufgaben gemacht. Auch hier sagt die Mutter: peinlich. So sahen das auch die Lehrer. Und eine Sauklaue hatte er, das habe die Lehrer noch mehr gegen ihn aufgebracht. Die Eltern schicken ihn dann auf ein Privatgymnasium. Frank wird Klassenbester, das Abitur macht er mit 1,0. Wie sein Vater, damals in Königsberg. Alles scheint gut.

Im Bücherregal stehen Familienfotos. Auf einem dieser Fotos sieht man den Vater als jungen Mann, lachend, dem

Fotografen mit einem Glas Schnaps zuprostend. Hinter sich Bücher, auf dem Tisch das *Ostpreußenblatt*. Er scheint aber kein Revisionist gewesen zu sein. Überhaupt: »Ich habe so ein Glück mit ihm gehabt«, sagt Halina Schirrmacher. Auf den meisten dieser Familienfotos ist auch Frank zu sehen. Und jedes dieser Fotos verführt, es als Kommentar zum späteren Frank Schirrmacher zu lesen, hier eine Korrektur vorzunehmen, da eine Prägung zu erkennen.

Auf einem sieht man Frank mit einem Telefonhörer. Er ist vielleicht neun oder zehn Jahre alt. Das Telefonieren war seine große Leidenschaft. Er hat Freunde angerufen, aber auch wildfremde Leute, und sie veralbert. »Hoffentlich telefoniert er nicht ins Ausland!«, hieß es, dann wird es teuer. »Der Frank war so ein verrückter Kerl«, sagt die Mutter. Immer wieder sagt sie das. Sie betont das »so«, mit ihrem polnisch-hessischen Akzent.

Auch als Herausgeber der *FAZ* hat Frank Schirrmacher Telefonscherze gemacht, allerdings machte sich keiner Sorgen um die Rechnung. Man war sich nur nicht so sicher, ob es sich für den Herausgeber einer großen bürgerlichen Zeitung schickt, derartige Scherze zu machen.

Dann ist da ein Foto, das Frank auf der Bühne eines Theaters zeigt. Staatstheater Wiesbaden. Er spielt eine Rolle im *Biberpelz*. Die Aufnahme ist nicht datiert, aber ich erfahre, dass Frank als Jugendlicher öfter im Staatstheater mitgespielt hat, zusammen mit seiner Schwester, die Theologie studiert hat und heute als Französischlehrerin in Stuttgart lebt. Später war ihm das Theater egal, jedenfalls das Theater als Kunstform und Institution. Theater gespielt hat er natürlich immer noch. »Caligula« hieß das Stück, die Hauptrolle besetzte er mit sich selbst.

Gleich mehrere Fotos wurden in Äthiopien gemacht. Von

1960 bis 1962 lebte die Familie in Addis Abeba. Herbert Schirrmacher war beruflich dort, und Halina, die Sprachbegabte, die fließend Englisch konnte, arbeitete im Flughafen. Auf einem Foto sieht man sie mit ihren beiden Kindern an der Hand auf dem Weg zum Flughafen. Steppe, am linken Bildrand ein schwarzer Junge, neugierig auf die drei Weißen schauend. »Frank hat einfach angefangen, mit ihm zu sprechen«, erinnert sich die Mutter. Zwar konnte er kaum seine eigene Sprache sprechen, geschweige denn die fremde Landessprache, aber er hat die Laute nachgemacht: »Ischi nogo«.

Er imitierte für sein Leben gern, Halina Schirrmacher erinnerte sich, wie er auch bei ihr zu Hause immer wieder Marcel Reich-Ranicki nachmachte, obwohl der zugleich wie sein »Ziehvater« gewesen sei. Was soll ich sagen? Das Buch, das Schirrmacher für Marcel Reich zu dessen Achtzigstem gemacht hatte, steht im Regal: *Sein Leben in Bildern*. Halina Schirrmacher sagt, dass Reich-Ranicki und Teofila immer sehr freundlich zu ihr waren. Manchmal haben sie polnisch miteinander gesprochen

In Addis Abeba hatten sie drei Diener, ein Foto von ihrem Haus gibt es nicht. Frank Schirrmacher ist zwar in keiner Villa aufgewachsen, aber es gab wirklich eine feudale Phase in seiner Kindheit. Sie muss mächtig auf seine Phantasie gewirkt haben, denn eine weitere der Geschichten, die Frank Schirrmacher über sich selbst in Umlauf brachte, hat dort ihren Ursprung: dass er entführt worden und dann unter Männern aufgewachsen sei, die »jederzeit bereit gewesen seien, ihn zu töten«.[369]

Das Foto, das am stärksten zur Deutung reizt, wurde zwar auch in Äthiopien geschossen, könnte aber irgendwo anders gemacht worden sein. Man sieht die Geschwister mit adretten Kleidchen und hübschen Frisuren. Die Schwester schaut entspannt und lächelt sogar ein wenig entrückt, Frank dagegen wirkt verängstigt, mit großen Augen. Die Erklärung liegt nicht im Bild. Halina liefert sie nach: Im Moment der Aufnahme tauchte ein Hund in der Tür auf, den Frank offenbar sofort wahrnahm. Der Schrecken steht ihm ins Gesicht geschrieben.

Fotografien stehen nicht nur auf dem Bücherregal. Es gibt sie auch in großer Zahl an der Wand gegenüber. Die Wand ist violett gestrichen. Das Ganze hat etwas von einem Museum. Während auf der einen Seite die Familienbilder zu sehen sind, sieht man hier den öffentlichen Frank Schirrmacher, den die Mutter auch nur aus den Medien kennt. Links eine Komposition aus Zeitungsausschnitten, die in Klarsichthüllen stecken. Ein Gebilde, das an einen Altar erinnert. Ich frage Halina Schirrmacher, ob sie katholisch ist. Sie ist es nicht. Die Erinnerungen stammen aus der Zeit, als Frank Schirrmacher nicht mehr oft in diesem Haus war. Manchmal, erzählt sie, schaute er kurz mit Dienstwagen und Chauffeur vorbei. Zeit hatte er keine, aber er ging jedes Mal in sein Kinderzimmer, um zu schauen, ob seine Bücher noch da sind. Die Mutter reichte ihm im Vorübergehen eine Cola. Als er dann nach Berlin umzog, war auch das vorbei. Auch Marcel Reich-Ranicki sieht sie nun nicht mehr oft. Zuletzt sieht sie ihn im Fernsehen. Ihr Sohn ist auch dabei, liest ihm am Sterbebett etwas vor. »Muss man das im Fernsehen zeigen?«, fragt Halina Schirrmacher.

Und es gibt auffällig viele Fotos von Günther Jauch. »Jauch war immer gut zu mir«, sagt sie, er hat ihr das Essen gebracht auf einem der wenigen Empfänge, auf dem sie dabei war. Jauch, der einen denkbar lapidaren Nachruf in der *FAZ* geschrieben hat, sah wohl einfach, dass sie nicht in die

Gesellschaft, in der sich ihr Sohn bewegte, passte. Zum Abschied sagt Halina Schirrmacher: »In der Abteilung da, in der Frank gearbeitet hat, er war wohl überfordert.« Ich schaue sie lange an und zucke wieder mit den Schultern.

Anmerkungen

Viele Kollegen und Zeitgenossen haben mir für Auskünfte und Interviews über Frank Schirrmacher zur Verfügung gestanden. Nicht alle wollten beim Namen genannt werden. Deshalb werden nicht alle beim Namen genannt. Einige Dokumente, die ich in Archiven und Vorlässen gesichtet habe, konnten aus urheberrechtlichen Gründen nicht wörtlich zitiert werden. Einige Namen im Text wurden aus persönlichkeitsrechtlichen Gründen geändert.

1 Wenn nicht anders angegeben, stammen die Zitate aus dem Film Karlsson vom Dach, dieses Zitat ist aus dem Buch Astrid Lindgren: Karlsson von Dach, Hamburg 1986, S. 183.
2 E-Mail vom 13. 12. 2017.
3 Martin Schulz: Reclaim Autonomy. Selbstermächtigung in der digitalen Weltordnung. Rede des Präsidenten des Europäischen Parlaments, Martin Schulz, anlässlich des 1. Frank-Schirrmacher-Symposiums am 5. 12. 2016 in Berlin, S. 9.
4 Vgl. Gespräch vom 7. 6. 2016.
5 Herlinde Koelbl: Spuren der Macht. Die Verwandlung des Menschen durch das Amt. Eine Langzeitstudie, Berlin 1999, S. 86.
6 E-Mail vom 19. 1. 2017.
7 Gespräch vom 8. 5. 2017.
8 Jakob Augstein: Ein Mann ohne Komplex, in: Die Zeit, 2. 3. 2006.
9 Gespräch vom 25. 6. 2016.
10 Jens Jessen im Gespräch mit Joachim Scholl, Deutschlandfunk Kultur, 13. 6. 2014.
11 Herlinde Koelbl: Spuren der Macht. Die Verwandlung des Menschen durch das Amt. Eine Langzeitstudie, Berlin 1999, S. 86.
12 Gespräch vom 11. 11. 2016.

13 Vgl. Matthias Dell: Zum Tod von Frank Schirrmacher, https://www.evangelisch.de/blogs/altpapier/115580/13-06-2014 (abgerufen am 12. 2. 2018).
14 Frank Schirrmacher: Ein Nachruf auf seine Gegner, in: FAS, 30. 1. 2011.
15 E-Mail vom 7. 11. 2017.
16 Vgl. E-Mail vom 10. 3. 2017.
17 Gespräch vom 24. 5. 2016.
18 Gespräch vom 6. 7. 2016.
19 Gespräch vom 4. 3. 2017.
20 Frank Schirrmacher: Payback. Warum wir im Informationszeitalter gezwungen sind zu tun, was wir nicht tun wollen, und wie wir die Kontrolle über unser Denken zurückgewinnen, München 2009, S. 83.
21 E-Mail vom 13. 7. 2017.
22 Susanne Lang: So regiert Frank Schirrmacher, in: taz, 24. 6. 2006.
23 Frank Schirrmacher: Payback. Warum wir im Informationszeitalter gezwungen sind zu tun, was wir nicht tun wollen, und wie wir die Kontrolle über unser Denken zurückgewinnen, München 2009, S. 20.
24 Ebd., S. 203.
25 Herlinde Koelbl: Spuren der Macht. Die Verwandlung des Menschen durch das Amt. Eine Langzeitstudie, Berlin 1999, S. 72.
26 Angelika Klüssendorf: Jahre später, Köln 2018, S. 126.
27 Ebd., S. 32.
28 Vgl. Gespräch vom 8. 5. 2017.
29 Vgl. Gespräch vom 24. 6. 2016.
30 Frank Schirrmacher: Die Gefundene, in: FAZ, 5. 9. 2003.
31 Frank Schirrmacher: Brief an Wolfgang Frommel und Manuel Goldschmidt, 10. 6. 1980.
32 Vgl. Frank Schirrmacher: Brief an Wolfgang Frommel, 26. 7. 1981.
33 Vgl. Hans Blüher: Die Rolle der Erotik in der männlichen Gesellschaft, Leipzig 1917.
34 Frank Schirrmacher: Liebe zum Meister, 25. 6. 1981 (Literaturmuseum Amsterdam).
35 Frank Schirrmacher: Das Geheimnis des Stefan George, in: FAZ, 3. 8. 2007.
36 Thomas Karlauf: Meine Jahre im Elfenbeinturm, in: Sinn und Form, 2/2009, S. 265.
37 Frank Schirrmacher: Das Geheimnis des Stefan George, in: FAZ, 3. 8. 2007.
38 Ebd.
39 Frank Schirrmacher: Ein Mann der Courage. Laudatio auf Tom Cruise, in: FAZ, 30. 11. 2007.

40 Thomas Karlauf: Meine Jahre im Elfenbeinturm, in: Sinn und Form 2/2009, S. 262.
41 E-Mail vom 19. 4. 2017.
42 Frank Schirrmacher: Brief an Wolfgang Frommel und Manuel Goldschmidt, 3. 8. 1980.
43 Frank Schirrmacher: Brief an Wolfgang Frommel, 10. 10. 1980.
44 Frank Schirrmacher: Brief an Wolfgang Frommel, 19. 12. 1981.
45 Siegfried Unseld: Brief an Frank Schirrmacher, 3. 7. 1980 (Literaturarchiv Marbach).
46 Frank Schirrmacher: Brief an Siegfried Unseld, 10. 9. 1980.
47 Frank Schirrmacher: Brief an Siegfried Unseld, 11. 5. 1981.
48 Gespräch vom 6. 7. 2016.
49 Frank Schirrmacher: Brief an Wolfgang Frommel, 6. 4. 1981.
50 Vgl. Frank Schirrmacher: Brief an Wolfgang Frommel, 24. 1. 1981.
51 Frank Schirrmacher: Brief an Wolfgang Frommel, 6. 4. 1981.
52 Ebd.
53 Vgl. Max Weber: Wirtschaft und Gesellschaft. Grundriss der verstehenden Soziologie, Tübingen 1972, S. 124.
54 Frank Schirrmacher: Brief an Wolfgang Frommel, 24. 1. 1981.
55 Ebd.
56 Gespräch vom 25. 6. 2016.
57 E-Mail vom 8. 11. 2017. Im Wikipedia-Eintrag zu Frank Schirrmacher steht, dass Schirrmacher durch eine Empfehlung des Politologen Dolf Sternberger zu einer Hospitanz bei der FAZ kam. Möglicherweise kam sie hinzu. Jedenfalls stiftete Elisabeth Knoll den Kontakt.
58 Gespräch vom 19. 1. 2017.
59 Ernst Nolte: Vergangenheit, die nicht vergeht, in: FAZ, 6. 8. 1986.
60 Gespräch vom 24. 6. 2016.
61 Ebd.
62 E-Mail vom 17. 7. 2016 (I).
63 E-Mail vom 17. 7. 2016 (II).
64 Frank Schirrmacher: Vortrag auf Einladung der Society of Fellows, Harvard University, Cambridge, MA, o. J., Privatbesitz, S. 2.
65 E-Mail vom 29. 12. 2017.
66 Frank Schirrmacher: Vortrag auf Einladung der Society of Fellows, Harvard University, Cambridge, MA, o. J., Privatbesitz, S. 2.
67 Ebd., S. 15.
68 Frank Schirrmacher: Totgeschwiegene Schuld, in: FAZ, 10. 2. 1988.
69 Gespräch vom 25. 3. 2017.
70 Frank Schirrmacher: Gespräche im Tunnel, in: FAZ, 12. 7. 1986.
71 Gespräch vom 13. 11. 2016.
72 Vgl. Anonym: Überflieger im Abwind, in: Der Spiegel, 13. 5. 1996.
73 Vgl. Jens Malte Fischer: Gutachten zur Dissertation Frank Schirrma-

chers: ›Schrift als Tradition. Die Dekonstruktion des literarischen Kanons bei Kafka und Harold Bloom‹, Siegen 1987, Privatbesitz.
74 E-Mail vom 11. 8. 2016.
75 E-Mail vom 11. 7. 2017.
76 Gespräch vom 6. 7. 2016.
77 Gespräch vom 14. 11. 2016.
78 E-Mail vom 19. 1. 2017.
79 Frank Schirrmacher: Romane von Gestern. Fein sein, faul sein. Über Heinrich Mann ›Im Schlaraffenland‹, in: FAZ, 25. 11. 1988.
80 Jens Jessen: Nie zuvor gesehen, http://www.zeit.de/2014/26/frank-schirrmacher-nachruf (abgerufen am 12. 2. 2018).
81 Gespräch vom 6. 7. 2016.
82 Vgl. Gespräch vom 13. 11. 2016.
83 Gespräch vom 6. 11. 2017.
84 Gespräch vom 6. 7. 2016.
85 Frank Schirrmacher u. a.: Die Eroberung einer Welt, auf die man sich verlassen kann, in: FAZ, 23. 5. 2005.
86 Gespräch vom 24. 6. 2016.
87 Ebd.
88 Andreas Platthaus: Frankfurter Redaktionsweltgeist, in: FAZ, 27. 7. 2015.
89 Niklas Luhmann: Der neue Chef, Berlin 2016, S. 16.
90 Carl Schmitt: Gespräch über die Macht und den Zugang zum Machthaber, Stuttgart 2008, S. 15.
91 Gespräch vom 12. 5. 2016.
92 Gespräch vom 13. 11. 2016.
93 Jürgen Habermas: Eine Art Schadensabwicklung, in: Die Zeit, 11. 7. 1986.
94 Joachim Fest: Die geschuldete Erinnerung, in: FAZ, 29. 8. 1986.
95 E-Mail vom 7. 7. 2016.
96 Hans Ulrich Gumbrecht: Ungeschliffen, leidenschaftlich und besorgt, in: FAZ, 6. 9. 2014.
97 Eckhard Henscheid: 10:9 für Stroh. Drei Erzählungen, Berlin 1998, S. 12.
98 Ebd., S. 18.
99 Gespräch vom 4. 3. 2017.
100 Vgl. Gespräch vom 2. 6. 2017.
101 Gespräch vom 7. 7. 2016.
102 Gustav Seibt: Humorvoll auch im größten Streit, in: FAZ, 14. 6. 2014.
103 Ebd., S. 9.
104 Franziska Augstein, Andrian Kreye, Gustav Seibt: Mann der Zukunft, in: SZ, 15. 4. 2014.
105 Gespräch vom 12. 6. 2016.

106 Gustav Seibt: Ich war Greif, in: SZ, 3.11.2003.
107 Gespräch vom 12.6.2016.
108 Eckhard Henscheid: 10:9 für Stroh. Drei Erzählungen, Berlin 1998, S.9.
109 Gespräch vom 25.6.2016.
110 Ebd. Siehe auch Henscheid: Denkwürdigkeiten – Aus meinem Leben, Frankfurt am Main 2013, S.208f.
111 E-Mail vom 22.3.2017.
112 Gespräch vom 25.3.2017.
113 Frank Schirrmacher: Literatur und Betriebswesen, in: FAZ, 14.2.1989.
114 Harry Nutt: Mit dem Rücken zum Publikum, in: Berliner Zeitung, 31.7.2012.
115 Frank Schirrmacher: Eine Legende, ihr Neidhammel, in: FAZ, 6.9.1999.
116 E-Mail vom 6.6.2017.
117 Frank Schirrmacher: Literatur und Betriebswesen, in: FAZ, 14.2.1989.
118 Frank Schirrmacher: Literatur. Eine Kolumne, o.O. 1988, S.8 (Archiv Merkur).
119 Volker Weidermann: Die böse Botschaft der Literatur, in: FAS, 2.9.2012.
120 Eckhard Henscheid: 10:9 für Stroh. Drei Erzählungen, Berlin 1998, S.23.
121 Gustav Seibt: Der Wahrnehmungserotiker, in: FAZ, 18.2.1989.
122 E-Mail vom 3.12.2017.
123 Herlinde Koelbl: Spuren der Macht. Die Verwandlung des Menschen durch das Amt. Eine Langzeitstudie, Berlin 1999, S.85.
124 Gespräch vom 24.6.2016.
125 Gespräch vom 7.7.2016.
126 Ebd.
127 Gespräch vom 12.4.2017.
128 Vgl. Gespräch vom 6.7.2016. Dazu Angelika Klüssendorf: Jahre später, Köln 2018, S.64.
129 Vgl. Karl Heinz Bohrer: Provinzialismus. Ein physiognomisches Panorama, München 2000.
130 Gespräch vom 5.3.2017.
131 Herlinde Koelbl: Spuren der Macht. Die Verwandlung des Menschen durch das Amt. Eine Langzeitstudie, Berlin 1999.
132 Gespräch vom 24.6.2016. Der Ausspruch stammt von Dirk Schümer.
133 Vgl. Gespräch vom 24.6.2016 und Gespräch vom 7.7.2016.
134 E-Mail vom 8.1.2018.
135 E-Mail vom 6.7.2016.

136 E-Mail vom 8. 1. 2018.
137 Gespräch vom 7. 7. 2016.
138 Gespräch vom 24. 6. 2016.
139 Gespräch vom 13. 11. 2016.
140 Ebd.
141 Vgl. Gespräche vom 6. 7. 2016 u. 13. 11. 2016.
142 E-Mail vom 13. 8. 2017.
143 Gespräch vom 6. 7. 2016.
144 Niklas Luhmann: Der neue Chef, Suhrkamp 2016, S. 73.
145 Henning Ritter: Mein Gespräch mit Herrn Schirrmacher am 24. März 1995, o. O. (Privatbesitz).
146 Gespräch vom 24. 6. 2016.
147 Vgl E-Mails vom 29. 12. 2017.
148 Gespräch vom 15. 11. 2017.
149 Gerhard Stadelmaier: Umbruch. Roman, Wien 2016, S. 186.
150 Frank Schirrmacher: Dies ist der Pfeil des Meisters, in: FAZ, 14. 11 1995.
151 Stefan Breuer: Ästhetischer Fundamentalismus. Stefan George und der deutsche Antimodernismus, Darmstadt 1995, S. 67.
152 Gespräch 24. 7. 2017.
153 Vgl. Frank Schirrmacher: Zellen einer Geistesrepublik, in: FAZ, 23. 5. 1987.
154 Anonym: Überflieger im Abwind, in: Der Spiegel, 13. 5. 1996, S. 232.
155 Jan Fleischhauer: Diese herrliche Lust am Untergang, http://www.spiegel.de/kultur/gesellschaft/frank-schirrmacher-nachruf-auf-den-faz-herausgeber-a-974861.html (abgerufen am 12. 2. 2018).
156 Gespräch vom 5. 10. 2016.
157 Gespräch vom 1. 7. 2016.
158 E-Mail vom 2. 12. 2017.
159 Anonym: Überflieger im Abwind, in: Der Spiegel, 13. 5. 1996.
160 Jörg Lau: Ein literarisches Leben, in: taz, 15. 5. 1996.
161 Gespräch vom 24. 6. 2016.
162 Ulrich Raulff: Kaiser, Kind und Krone, in: Zeitschrift für Ideengeschichte, 8/3 2014.
163 Raulff besteht auf seiner Variante, siehe E-Mail vom 15. 9. 2017.
164 Gespräch vom 24. 6. 2016.
165 Ebd.
166 Ebd.
167 Gespräch vom 6. 7. 2016.
168 Stephan Sattler: In der Neidfalle, in: Focus, 20. 5. 1996.
169 Gespräch vom 24. 6. 2017.
170 Frank Schirrmacher: Tod eines Kritikers, in: FAZ, 29. 5. 2002.
171 Martin Walser: Erfahrungen beim Verfassen einer Sonntagsrede, Frankfurt am Main 1998, S. 18.

172 Tobias Jaecker: Erinnern oder Vergessen, http://www.hagalil.com/antisemitismus/deutschland/walser-1.htm (abgerufen am 20. 2. 2018).
173 Frank Schirrmacher: Tod eines Kritikers, in: FAZ, 29. 5. 2002.
174 Thomas Steinfeld: Die Meute der Deuter. Der doppelte Skandal um Martin Walsers Manuskript, in: SZ, 4. 6. 2002.
175 Gespräch vom 22. 11. 2016.
176 Igl: Legendenbildung, in: FAZ, 27. 6. 2002.
177 Frank Schirrmacher: Tod eines Kritikers, in: FAZ, 29. 5. 2002.
178 Jörg Magenau: Grobe Satire. Mit dem Roman »Tod eines Kritikers« stellt sich Martin Walser selbst in den Mittelpunkt, in: Handelsblatt, 14. 6. 2002.
179 Martin Walser: Tod eines Kritikers. Roman, Frankfurt am Main 2002, S. 43.
180 Ebd., S. 166.
181 Ebd., S. 96.
182 Telefonische Mitteilung aus dem Sekretariat vom 2. 7. 2017.
183 Jan Philipp Reemtsma: Ein antisemitischer Affektsturm, in: FAZ, 27. 6. 2002.
184 Zitiert nach Volker Hage, Mathias Schreiber: Da wurde viel beschädigt, in: Der Spiegel, 10. 6. 2002.
185 Vgl. Jörg Magenau: Martin Walser. Eine Biographie, Reinbek bei Hamburg 2005.
186 Gespräch vom 11. 1. 2018 sowie E-Mail vom 12. 1. 2018.
187 Ulrike Simon: SZ-Abwanderung. Keine Verlustängste, in: Der Tagesspiegel, 25. 3. 2001.
188 E-Mail vom 5. 2. 2018.
189 Jörn Lauterbach: Rückzug vom Umzug bei der FAZ, in: Die Welt, 21. 3. 2002.
190 E-Mail vom 9. 3. 2017.
191 Christian Bauschke: Wie ein letzter Gruß, in: Welt am Sonntag, 23. 6. 2002.
192 Frank Schirrmacher: Ein wenig Resignation, in: Die Zeit, 27. 6. 2002.
193 Gespräch vom 23. 1. 2017.
194 Gespräch vom 24. 5. 2016.
195 Gespräch vom 19. 1. 2017.
196 E-Mail vom 12. 3. 2017.
197 Gespräch vom 19. 1. 2017.
198 Joachim Lottmann: Wie ich einmal nicht mehr peinlich war, in: Welt am Sonntag, 22. 1. 2006.
199 E-Mail vom 24. 1. 2017.
200 Zitiert nach einer Aufzeichnung des Gesprächs im LCB.
201 Gespräch vom 4. 3. 2011.
202 Zitiert nach einer Aufzeichnung des Gesprächs im LCB.

203 Per Johansson: Der Sturm, Frankfurt am Main 2012, S. 99.
204 Richard Kämmerlings: Tod eines Kritikers, in: Die Welt, 14. 8. 2012.
205 Mitteilung an den Verfasser vom 13. August 2013.
206 Jens Jessen: Der wahre Rufmord. Was die Kritiker von Thomas Steinfelds Krimi unterschlagen, in: Die Zeit, 23. 8. 2012.
207 Hans Ulrich Gumbrecht: Die drei Romane des Feuilletons, in: Der Freitag, 23. 8. 2012.
208 Gespräch vom 17. 12. 2016.
209 E-Mail vom 19. 1. 2018.
210 Zit. nach Jens Jessen: Der wahre Rufmord. Was die Kritiker von Thomas Steinfelds Krimi unterschlagen, in: Die Zeit, 23. 8. 2012.
211 Vgl. Gespräch vom 13. 7. 2016.
212 Patrick Bahners: Er, der starb, verdiente das Leben, in: FAZ, 14. 6. 2014.
213 Gespräch vom 17. 12. 2016.
214 Thomas Steinfeld: Der vergiftete Sieg, in: FAZ, 2. 8. 1999.
215 Frank Schirrmacher: Die Rückkehr, in: FAZ, 7. 8. 2004.
216 Zit. nach Esther Kilchmann, Michael Hanfeld: Rechtschreibung: Anarchisch! Weg damit, in: FAZ, 10. 8. 2004.
217 E-Mail vom 9. 3. 2017.
218 E-Mail vom 16. 1. 2017.
219 Gespräch vom 4. 10. 2016.
220 Angelika Klüssendorf: Jahre später, Köln 2018, S. 127.
221 Gespräch vom 4. 10. 2016.
222 Harald Martenstein: Die drei Berlusconis, in: Der Tagesspiegel, 15. 8. 2004.
223 Hubert Spiegel: Um der Einheitlichkeit willen, in: FAZ, 2. 12. 2006.
224 Der Frankfurter Hofstaat. Frank Schirrmacher, in: Welt am Sonntag, 16. 10. 2005.
225 Gespräch vom 19. 10. 2012.
226 Gespräch vom 10. 1. 2018.
227 Nadine Lange: Roman: Liebe machen von A–Z, in: Der Tagesspiegel, 6. 10. 2010.
228 E-Mail vom 20. 11. 2017.
229 Gespräch vom 19. 10. 2017.
230 E-Mail vom 13. 12. 2017.
231 Susanne Lang: So regiert Frank Schirrmacher, in: taz, 24. 6. 2006.
232 Ernst Horst: Geben wir unser Bestes in Beruf, Familie und Freizeit – jetzt!, in: FAZ, 17. 3. 2006.
233 E-Mail vom 7. 11. 2016.
234 Ebd.
235 Gespräch vom 27. 6. 2017.
236 E-Mail vom 7. 11. 2017.

237 Kai Diekmann: Dieser kluge Kopf wird uns furchtbar fehlen, http://www.bild.de/politik/inland/frank-schirrmacher/dieser-kluge-kopf-wird-uns-furchtbar-fehlen-36365550.bild.html (abgerufen am 20. 2. 2018).
238 E-Mail vom 29. 12. 2017.
239 http://www.rulebreaker-society.com/.
240 Günter Grass im Interview: Warum ich nach sechzig Jahre mein Schweigen breche, in: FAZ, 12. 8. 2006.
241 Elmar Krekeler, Bettina Göcmener: Grass' schleppender Start, in: Berliner Morgenpost, 17. 8. 2006.
242 Jobst Ulrich Brand: Grass: Zorn auf die Zeitung, in: Focus, 9. 10. 2006.
243 Der Sonderdruck erschien dann eine Woche später, ironischerweise zeitgleich mit dem vorgezogenen Verkaufsstart des Buchs.
244 Hendrik Werner: Ich wundere mich über meine Naivität. Nachbeben in Göttingen: Hausbesuch beim Günter-Grass-Verleger Gerhard Steidl, in: Die Welt, 26. 8. 2006.
245 Hans Leyendecker: Das Grass-Geständnis. Die Laubsägenbastler, in: SZ, 16. 8. 2006.
246 Ulrike Simon, Joachim Huber: Das Häuten der Zwiebel, in: Der Tagesspiegel, 15. 8. 2006.
247 Anonym: Exklusiv in ›Bild‹, in: Bild, 24. 3. 2004.
248 E-Mail vom 8. 12. 2016.
249 Gustav Seibt: Auf Wiedersehen Schönheit, in: SZ, 10. 8. 2002.
250 Anonym: Exklusiv in ›Bild‹, in: Bild, 25. 3. 2004.
251 E-Mail vom 1. 3. 2017.
252 Gespräch vom 10. 6. 2017.
253 Ebd.
254 Im Folgenden: Gespräch vom 10. 6. 2017.
255 E-Mail vom 12. 1. 2018.
256 Christian Wulff: Ganz oben Ganz unten, München 2014, S. 187.
257 Jan Fleischhauer: Im Schloss, in: Der Spiegel, 17. 2. 2014.
258 Hier von Jan Fleischhauer abweichend: Gespräch vom 21. 6. 2017.
259 Nils Minkmar: Der Anruf des Präsidenten, in: FAZ, 2. 1. 2012.
260 Frank Schirrmacher: Wulffs Schweigen. Der Kredit des Präsidenten, in: FAZ, 14. 12. 2012.
261 Zit. nach Christian Wulff: Ganz oben Ganz unten, München 2014, S. 187.
262 Felix Dachsel: Wulff schickte ›Bild‹ Post zu Weihnachten, in: taz, 26. 1. 2012.
263 Christian Wulff: Ganz oben Ganz unten, München 2014, S. 170.
264 Richard Wagner: Die perforierte Republik, in: FAS, 4. 7. 2010.
265 Gespräch vom 13. 4. 2017.

266 Frank Schirrmacher: Wulffs Schweigen. Der Kredit des Präsidenten, in: FAZ, 14. 12. 2011.
267 Frank Schirrmacher: Wulffs Erklärung. Die Fiktion, in: FAZ, 6. 1. 2012.
268 E-Mail vom 24. 4. 2017.
269 E-Mail von Frank Schirrmacher an Volker Weidermann vom 11. 6. 2014.
270 Stefan Niggemeier: Falsche Fragen, in FAS, 22. 6. 2019.
271 Frank Schirrmacher: Wie man ein verdammt guter Politiker wird, in: FAS, 20. 6. 2010.
272 Gespräch vom 24. 5. 2016.
273 Frank Schirrmacher: Der weiße Fleck, in: FAZ, 23. 5. 1991.
274 Vgl. Susanne Lang: So regiert Frank Schirrmacher, in: taz, 24. 6. 2006.
275 Frank Schirrmacher: Die Helden der digitalisierten Arbeit, in: FAZ, 8. 8. 1985.
276 E-Mail vom 21. 11. 2006.
277 Western von Morgen, in: FAZ, 30. 11. 2006.
278 Nils Minkmar: Es ist Buchmessenzeit, in: Der Spiegel, 7. 10. 2017.
279 Rainald Goetz: Loslabern. Bericht, Frankfurt am Main 2009, S. 118.
280 Anonym: Was bleibt. Die Werte des Festes – Handreichungen für eine persönliche Bilanz, in: FAZ, 24. 12. 1999.
281 Anonymus: Ich sah vor mir die Anfänge einer Grammatik der Biologie, in: FAZ, 27. 6. 2000.
282 Gespräch vom 6. 3. 2017.
283 Edo Reents: Ein sehr großer Geist, in: FAZ, 12. 6. 2014.
284 Gespräch vom 28. 3. 2017.
285 Gespräch vom 6. 3. 2017.
286 Ebd.
287 Mathias Döpfner: Schirrmacher hatte das, wovon andere träumen, https://www.welt.de/kultur/medien/article129102361/Schirrmacher-hatte-das-wovon-andere-traeumen.html (abgerufen am 20. 2. 2018).
288 Zit. nach Gabor Steingart: Homo Sapiens im Land des Homo Google, http://meedia.de/2014/06/13/steingart-ueber-schirrmacher-ein-homo-sapiens-im-land-des-homo-google/ (abgerufen am 20. 2. 2018).
289 Gespräch vom 6. 3. 2017.
290 Anonym: Überflieger im Abwind, in: Der Spiegel, 13. 5. 1996.
291 Joachim Fest: Hitler. Eine Biographie, Berlin 1973.
292 Vgl. Cicero. Magazin für politische Kultur, 4/2006.
293 Vgl. ebd., 5/2007.
294 Vgl. ebd., 1/2013.
295 Frank Schirrmacher: Eine zeitgeschichtliche Pointe, in: FAZ, 12. 8. 2006.

296 John Brockman: A Remembrance of Frank Schirrmacher, in: The Edge.com, 6. 18. 2014.
297 Jordan Mejias: Der Weltgeist, der aus der Gegenkultur kam, faz.net, 7. 1. 2014.
298 Frank Schirrmacher: Wie hat das Internet ihr Denken verändert?, in: FAZ, 7. 1. 2010.
299 Vgl. twitter.com/fr_schirrmacher.
300 Vgl. Stefan Schulz, Redaktionsschluss: Die Zeit nach der Zeitung, Hamburg 2016, S. 28 ff.
301 Gespräch vom 27. 6. 2017.
302 Gespräch vom 13. 11. 2016.
303 Gespräch vom 15. 11. 2017.
304 Vortrag gehalten beim Vodafone Enterprises Plenum in Berlin, 30. 9. 2011.
305 Frank Schirrmacher: Ego. Das Spiel des Lebens, München 2013, S. 11.
306 Cornelius Tittel: Die Monster des Doktor Frank Schirrmacher, in: Die Welt, 17. 2. 2013.
307 Gespräch vom 30. 1. 2018.
308 Gespräch vom 10. 6. 2017.
309 Gespräch vom 6. 7. 2016.
310 Gespräch vom 13. 11. 2016.
311 Frank Schirrmacher: Die große Angst. Im Maschinenraum der Kultur: Zu unserer Liste neuer Phobien, in: FAZ, 7. 1. 2003.
312 Vgl. phobialist.com.
313 Vgl. Gespräche vom 13. 11. 2016, 27. 6. 2017 sowie 15. 11. 2017.
314 Nachricht vom 15. 2. 2018.
315 Sahra Wagenknecht: Goethes Größe, in: FAS, 27. 10. 2013.
316 Frank Schirrmacher: Ich beginne zu glauben, dass die Linke recht hat, in: FAZ, 15. 8. 2011.
317 Gespräch vom 13. 11. 2016.
318 Frank Schirrmacher: Wo ist Egon Krenz?, in: FAS, 8. 11. 2009.
319 Gespräch vom 2. 7. 2016.
320 Frank Schirrmacher: Die letzte Lesung, in: FAZ, 11. 12. 1999.
321 Mark Siemons: Was einen angeht, in: FAS, 15. 6. 2014.
322 Gespräch vom 2. 7. 2016.
323 Vgl. Kopien der E-Mails an Egon Krenz, undatiert.
324 Frank Schirrmacher: Wo ist Egon Krenz?, in: FAS, 8. 11. 2009.
325 E-Mail Frank Schirrmacher an Egon Krenz vom 16. 11. 2009.
326 Frank Schirrmacher: Dem Druck des härteren, strengeren Lebens standhalten, in: FAZ, 2. 6. 1990.
327 Frank Schirrmacher: Fälle. Christa Wolf und Heiner Müller, in: FAZ, 22. 1. 1993.
328 Gespräch vom 2. 7. 2016.

329 Ebd.
330 Ebd.
331 Frank Schirrmacher: Die Revolution der Piraten, in: FAS, 20. 9. 2009.
332 Hans Ulrich Gumbrecht: Ungeschliffen, leidenschaftlich und besorgt, in: FAZ, 6. 9. 2014.
333 E-Mail vom 19. 6. 2017.
334 Jan Noeventhien: Mit schönster Unschuld in die Revolution, in: FAZ, 31. 10. 2009.
335 Frank Schirrmacher: Männerdämmerung. Wer uns denkt: Frauen übernehmen die Bewußtseinsindustrie, in: FAZ, 1. 7. 2003.
336 Ebd.
337 Gespräch vom 16. 2. 2018.
338 Gespräch vom 12. 11. 2017.
339 Gespräch vom 3. 2. 2017.
340 E-Mail Yvonne Hofstetter an Frank Schirrmacher vom 1. 9. 2013.
341 Gespräch vom 15. 11. 2017.
342 Frank Rieger: Anatomie eines digitalen Ungeziefers, in: FAS, 9. 10. 2011.
343 Frank Schirrmacher: Code ist Gesetz, in: FAS, 9. 10. 2011.
344 Gespräch vom 27. 6. 2017.
345 Frank Schirrmacher: Ego. Das Spiel des Lebens, München 2013, S. 10.
346 Ebd., S. 13.
347 Ebd., S. 15.
348 Ebd., S. 29.
349 Ebd., S. 287.
350 Frank Schirrmacher: Im Gespräch: Richard von Weizsäcker. Haben Sie George gesehen, Herr von Weizsäcker?, in: FAZ, 30. 6. 2007.
351 Regina Mönch: Flutalarm im Havelland, das Welterbe sinkt, in: FAZ, 12. 8. 2008.
352 Gespräche vom 13. 4. 2017 und 27. 6. 2017.
353 E-Mail vom 11. 2. 2018.
354 E-Mail vom 1. 2. 2018.
355 Robert Stockhammer: Zaubertexte. Die Wiederkehr der Magie und die Literatur 1880–1945, Berlin 2000, S. 131 f.
356 Jürgen Strauss, Jan Thomas Köhler, Jan Maruhn: Sacrow. Vom märkischen Dorf zum Ort der Moderne, Berlin 2005.
357 Gespräch vom 4. 3. 2017.
358 Frank Schirrmacher: Im Gespräch: Richard von Weizsäcker. Haben Sie George gesehen, Herr von Weizsäcker?, in: FAZ, 30. 6. 2007.
359 Jürgen Strauss. Jan Thomas Köhler, Jan Maruhn: Sacrow. Vom märkischen Dorf zum Ort der Moderne, Berlin 2005.
360 Gespräch vom 10. 6. 2017.

361 E-Mail vom 17. 2. 2017.
362 Alexander Gorkow: Frank. Ein eiliger Abschied, in: SZ, 14. 6. 2014.
363 Gespräch vom 2. 6. 2017.
364 Gespräch vom 4. 3. 2017.
365 E-Mail vom 12. 1. 2018.
366 Georg Diez: Sirene der Gegenwart, in: Der Spiegel, 24. 10. 2015.
367 Interview vom 24. 5. 2016.
368 Anonym: Überflieger im Abwind, in: Der Spiegel, 13. 5. 1996, S. 232.
369 Ebd.

Personenregister

Ackermann, Josef 77
Adam, Konrad 82, 119, 158
Adorno, Theodor W. 18, 32, 65, 92
Allen, Woody 87
Allende, Isabel 99
Althen, Michael 107
Altwegg, Jürg 94
Andersch, Alfred 66
Artaud, Antonin 71
Augstein, Franziska 107
Augstein, Jakob 15
Augstein, Rudolf 89
Aust, Stefan 89, 123–126, 142, 146, 164

Bahners, Patrick 76, 120, 160 f.,
Bahro, Rudolf 180
Balzac, Honoré de 60 f., 117, 172, 179
Barbier, Hans 80
Beaucamp, Eduard 82
Beckmann, Reinhold 139 f., 191
Benjamin, Walter 32 f.
Benn, Gottfried 15, 72
Berg, Günter 99 f.
Bergsdorf, Wolfgang 75 ff.
Berkéwicz, Ulla 100, 129, 183
Bernhard, Thomas 91
Birg, Herwig 139
Bloch, Ernst 33
Bloom, Harold 48

Blüher, Hans 27
Blumenberg, Hans 158
Bohrer, Karl Heinz 41, 69 ff., 75 f.
Böll, Heinrich 66, 71, 199
Brecht, Bertolt 178
Breloer, Heinrich 148
Breuer, Stefan 86
Brinkmann, Rolf Dieter 44
Brockman, John 167 f., 173
Brodsky, Joseph 162
Brown, James 55
Bubis, Ignatz 97
Burda, Hubert 167
Busche, Jürgen 57

Casati, Rebecca 130 f., 133, 193
Chervel, Thierry 129
Chomsky, Noam 33
Christiansen, Sabine 183
Clinton, Bill 141
Corsten, Volker 129, 132
Cruise, Tom 31, 190
Culbertson, Fredd 171
Curtius, Ernst Robert 60

Dawkins, Richard 168
Degens, Marc 130
Dell, Matthias 17, 19
Derrida, Jacques 45
Diekmann, Kai 137 f., 140–144, 146 f., 157, 191

Diez, Georg 107, 196 f.
Dohnanyi, Hans von 191
Döpfner, Mathias 15, 123, 125 f., 132, 170 f., 191
Dreyfus, Alfred 96
Dylan, Bob 31 f.

Eco, Umberto 181
Ehlert, Matthias 129, 132
Eichendorff, Joseph von 72
Eichinger, Bernd 18, 126
Eisler, Hanns 178
Elstner, Frank 140
Enzensberger, Hans Magnus 69, 72, 107, 129, 172
Enzensberger, Katharina 108
Eppelsheim, Philip 148

Fack, Fritz Ullrich 74
Fest, Alexander 37 f., 65, 90
Fest, Joachim 37–46, 48 ff., 52 f., 57, 59 f., 62, 69, 74, 78, 83, 89 f., 119, 160, 163
Fischer, Jens Malte 45 f.
Fischer, Joschka 13
Fisher, Helen 168
Fleischhauer, Jan 88–90, 162
Franzen, Jonathan 134
Frey, James N. 151 f.
Friedrich, Caspar David 159
Friedrich, Hugo 50
Frisch, Max 33
Fröhlich, Susanne 129
Fromberg, Götz-Werner von 148
Frommel, Wolfgang 26–31, 34 ff., 42
Fuchs, Kirsten 129

Gabriel, Sigmar 147
Gaius Caesar Augustus Germanicus (Caligula) 10
Gauck, Joachim 151
Geerkens, Edith 144, 150
Gehlen, Arnold 183

Gelernter, David 168
George, Stefan 15, 26–30, 32–37, 42, 72, 81, 85 f., 133, 167, 180 f., 188
Gernhardt, Robert 65
Giddens, Anthony 168
Gigerenzer, Gerd 168
Ginsberg, Allen 87, 158
Glotz, Peter 139
Goethe, Johann Wolfgang 102
Goettle, Gabriele 53
Goetz, Rainald 71, 155 ff.
Goldschmidt, Manuel 31
Gorkow, Alexander 107, 193
Görlich, Günter 178
Graf, Karin 130
Grass, Günter 129, 137 f., 157, 165, 178
Greser, Achim 72
Groh, Dieter 61
Gumbrecht, Hans Ulrich 47 f., 60 f., 87, 117, 180
Guttenberg, Karl-Theodor zu 50
Graeber, David 149

Habermas, Jürgen 51, 59 f., 104, 160
Hachmeister, Lutz 148 f., 190
Hahn, Ulla 53
Handke, Peter 165
Hanebuth, Frank 148
Hanika, Iris 106
Hansen, Friedjof 41
Haubrich, Walter 94
Hauptmann, Gerhart 24
Henkel, Hans-Olaf 164
Henscheid, Eckhard 61, 64–67, 71 ff., 87
Hermann, Judith 129
Hesse, Hermann 22
Heym, Stefan 79
Hieber, Jochen 73
Hielscher, Martin 130
Highsmith, Patricia 82

Hindenburg, Paul von 78
Hitler, Adolf 29, 39, 42 ff., 79, 97, 163
Höfer, Max A. 164
Hoffmann, Heinrich 79
Hofmannsthal, Hugo von 37
Hofstetter, Yvonne 25, 184 f.
Hölderlin, Friedrich
Holmes, Katie 190
Honecker, Erich 178
Horn, Norbert 146
Hüser, Rembert 87, 89 f.
Hütt, Hans 160

Illies, Florian 19, 21, 106, 109
Ingendaay, Paul 82

Jakobson, Roman 51 f.
Jauch, Günther 17, 191, 202
Jens, Walter 46, 68
Jeske, Jürgen 79
Jessen, Jens 15, 41 f., 54, 73, 76, 84, 95, 106, 116, 119, 172
Jünger, Ernst 25, 44, 67, 76, 79, 142, 172, 190

Kafka, Franz 48 f., 72, 82
Kaminer, Wladimir 129
Kämmerlings, Richard 114 f.
Kantorowicz, Ernst 29
Karlauf, Thomas 28 ff.
Kaube, Jürgen 107 f.
Kavafis, Konstantinos 36

Kelek, Necla 147
Kerkeling, Hape 141
Kirchhof, Paul 13
Kister, Kurt 142
Kleist, Heinrich von 106
Klüssendorf, Angelika 23, 73, 84, 124
Knipphals, Dirk 132
Knoll, Elisabeth 33, 38
Knüpfer, Uwe 123

Koelbl, Herlinde 14 f., 23, 52, 78, 156
Koerner, Joseph 42 f.
Kohl, Helmut 13, 17, 75 ff., 130, 154, 173, 182
Korn, Salomon 97
Kracht, Christian 129
Krause, Tilman 30
Krenz, Egon 25, 173–179, 182
Kurbjuweit, Dirk 10
Kürthy, Ildikó von 129
Kurz, Constanze 25, 184
Kurz, Gerhard 49
Kusche, Annette 90

Landsberger, Artur 191 f.
Landwehr, Matthias 130
Lang, Susanne 22, 133
Lanier, Jaron 168
Lau, Jörg 92 f.
Lenz, Heribert 72
Lepenies, Wolf 74, 77
Lévi-Strauss, Claude 33, 53
Lévy, Bernard-Henri 17
Lindgren, Astrid 11
Lobo, Sascha 21
Lohse, Eckart 145
Lorenzo, Giovanni di 144, 146
Lottmann, Joachim 113
Lovenberg, Felicitas von 113, 134 f.
Lucius, Robert von 148
Luhmann, Niklas 56, 83
Luther, Martin 15

Magenau, Jörg 102, 105, 108, 110 f., 113
Man, Paul de 45, 72, 92
Mann, Heinrich 52
Mann, Thomas 39, 41 f., 44, 57
Martenstein, Harald 126
Maschmeyer, Carsten 144, 147 f.
Meier, Christian 115

Menasse, Eva 106
Merkel, Angela 14, 90
Mey, Reinhard 32
Miegel, Meinhard 139
Minkmar, Nils 145, 155, 162
Mohn, Liz 183
Moore, Charles 173
Morozov, Evgeny 20 f., 172
Müller-Vogg, Hugo 63, 75, 79, 94, 111, 124
Müller, Herta 53
Müller, Lothar 107
Müller, Peter 123

Naumann, Michael 79 f.
Netenjakob, Ulrike 140
Newman, Barnett 159
Niggemeier, Stefan 143, 150 f.
Nolte, Ernst 40, 59
Nonnenmacher, Günther 79, 124

Peichl, Markus 191
Pfeifer, Hans-Wolfgang 74 f.
Pinker, Steven 168
Platthaus, Andreas 55
Pohl, Luise 24 f.
Poschardt, Ulf 129
Posener, Alan 172

Radisch, Iris 130
Ranke, Leopold von 163
Rattenhuber, Johann 43
Ratzinger, Joseph 141
Raulff, Ulrich 93 f., 107, 159, 161, 167
Reemtsma, Jan Philipp 103 f.
Reents, Edo 107
Reich-Ranicki, Marcel 10, 25, 41, 44 ff., 49, 52–57, 60, 66 f., 69, 78 f., 97 f., 100 ff., 104, 113 f., 118, 192, 201 f.
Reich-Ranicki, Teofila 98, 201
Reißmüller, Johann Georg 78 f.

Rieger, Frank 185 f.
Rilke, Rainer Maria 109
Ritter, Henning 58, 80, 82–85, 121
Roß, Jan 82, 95, 106
Ruppel, Anneliese 55 f., 81
Rüttgers, Jürgen 126

Sarrazin, Thilo 147, 162
Sattler, Stephan 94
Schäffer, Fritz 77
Schäuble, Wolfgang 153
Scheel, Kurt 22, 70
Schirrmacher, Halina 196 ff., 201 ff.
Schirrmacher, Herbert 196, 198, 201
Schlingensief, Christoph 23
Schlöndorff, Volker 17
Schmitt, Carl 56 f.
Schreiber, Mathias 89, 111 ff., 163
Schröder, Gerhard 90, 99, 141, 147, 173
Schulz, Martin 13
Schulze, Ingo 73
Schümer, Dirk 16, 169, 186
Schwarze, Michael 41 f.
Schwarzer, Alice 147, 164
Seeliger, Julia 25, 184
Seghers, Anna 178
Seibt, Gustav 47, 61, 63–67, 72, 76 f., 82, 95, 106, 111, 119, 130, 139
Seidl, Claudius 107
Sieburg, Friedrich 102
Siemons, Mark 175
Simmel, Georg 198
Solschenizyn, Alexander 177
Speicher, Stephan 95, 106
Spiegel, Hubert 99, 128, 137 f.
Springer, Friede 183
Stadelmaier, Gerhard 85
Stauffenberg, Claus Schenk Graf von 29, 31, 123, 172

Steidl, Gerhard 138
Steinfeld, Thomas 82, 99 f., 107, 115–118, 121 f., 124, 110, 113–116, 137 f., 157, 160, 163, 165
Steingart, Gabor 161
Stoiber, Edmund 123, 126
Stuckrad-Barre, Benjamin von 106
Stürmer, Michael 74
Sühnel, Rudolf 27

Tittel, Cornelius 170
Taxler, Hans 65

Ueding, Gert 45 f., 66 ff.
Unger, Frieda 193
Unger, Richard 193
Unseld, Siegfried 32 f., 53

Venter, Craig 158
Voss, Julia 135

Waechter, F. K. 65
Wagenknecht, Sahra 13, 173
Wagner, David 106
Wagner, Richard 129
Walser, Martin 53, 92, 96–105, 110, 113–116, 137 f., 157, 160, 163, 165
Warhol, Andy 168
Waterschoot van der Gracht, Gisèle van 28
Weber, Juliane 77
Weber, Max 35
Weidermann, Volker 71, 150
Weiler, Jan 129
Weiss, Christina 123
Weizsäcker, Richard von 179, 188, 192
Winkler, Martin 115
Wittgenstein, Ludwig 33
Wolf, Christa 25, 72, 138, 165, 177 f.
Wolfskehl, Karl 37
Wulff, Bettina 144, 147 ff.
Wulff, Christian 13, 123, 126, 128, 136, 143–152, 157

Zemb, Jean-Marie 121
Zimmermann, Monika 80
Zola, Émile 96
Zöllner, Michael 129
Zuboff, Shoshana 25, 168

O.S.: 20.05.18 (Pfingstsonntag)
14:34